장애학생의
일반교육과정 접근
통합학급 수업참여 방안

Victor Nolet · Margaret J. McLaughlin 지음

박승희 · 최재완 · 홍정아 · 김은하 옮김

Accessing
the General Curriculum
Including Students With Disabilities in Standards-Based Reform, 2nd ed.

by Victor Nolet · Margaret J. McLaughlin
Translated by
Seunghee Park · Jeawan Choi · Jung-a Hong · Eunha Kim

학지사

Accessing the General Curriculum

Second Edition

Including Students with Disabilities
in Standards–Based Reform

Victor Nolet
Margaret J. McLaughlin

역자 서문

'작고 매운 책의 달콤함' 두 번째

　　이제 우리는 특수교육대상 학생이 일반학급에 그냥 오래 있다고 통합교육이 되는 것은 아님을 알고 있다. 그렇다고 "무엇을, 어떻게 더 잘할 수 있을까?"와 같은 아주 구체적인 방법론에 대해서는 지난 10여 년에 걸쳐 큰 진전이 미미하였다고 생각한다. 1990년대 초반부터 2000년대 초반까지는 통합교육의 필요성과 중요성에 대한 인식의 확산과 공유라는 진전이 있었다고 보며, 이 시기엔 통합교육이라는 "새로운 가치"를 알리기 위한 열정과 활발한 연구와 인식개선 운동의 긍정적 기운과 기대가 우리 가운데 있었다. 그런데 그 이후 2000년대 초반부터 현재까지 우리나라 통합교육의 질적인 발전을 위한 일반교육 분야 내 변화와 통합교육 방법론의 진전은 미약한 것으로 보이며, 통합교육 현재의 모습에 대해 만족도, 불만도 활발히 제기되지 않는 가운데 잠잠한 "휴지기"를 보내고 있는 듯하다.

　　이것이 우리나라 통합교육의 현 주소다.

　　이제 우리는 여기서부터 통합교육 진전을 위해 어디를 향하여 어떤 길로 얼마나 잘 갈 수 있을까? 우리나라에서 장애학생 통합교육에 관심 있는 모든 학자들, 현장 교사들과 행정가들의 고민이다. 지난 1990년대

이후 현재까지 일반 초등학교, 중학교 및 고등학교에 특수학급의 수는 많이 증가되어, 장애학생이 특수학교가 아닌 일반학교에서 교육받을 수 있는 장은 상당히 확대되었다. 나아가 특수교육대상 학생이 특수학급보다 일반학급에 있는 시간이 많이 늘어나고, 아예 일반학급에서 종일 수업을 받는 특수교육대상 학생 수도 많이 증가하였다. 또한 종전에 특수학교로 입학하던 장애가 좀 더 심한 학생들이 일반학교에 입학하는 비율이 증가하고, 적어도 일반교사들이나 학교관리자들이 장애학생을 공공연하게 거부하는 일은 감히 일어날 수 없도록 제도적 장치가 마련되는 진전이 있었다.

현재 통합교육의 한 모습을 요약해서 표현한다면, 적어도 초등 수준에서는, 특수교육대상 학생 대부분의 "base camp"가 특수학급이 아닌 "일반학급"으로 변화한 것이 가장 눈에 띄는 변화로 볼 수 있다. 이 중요한 변화 즈음에 우리는 일반학급을 "통합학급"이라고 부르게 되었다. 1990년대의 특수교육대상 학생의 경우, 일반학교 내 base camp가 특수학급이고 일반학급에는 소수의 교과 시간에 "손님 학생"으로 비정기적으로 또는 간헐적으로 짧은 시간만 "방문하던" 시절에 비해서는 큰 변화임에는 틀림없다.

그러나 특수교육대상 학생들이 일반학급 수업에 가 있는 시간이 많이 늘어난 것에 비해서 그들이 그 길어진 시간 동안 도대체 무엇을 배우고 성취하고 있는가에 대해서는 긍정적인 평가를 내리기 어렵다. 물론 통합교육 실행 초기에 우리는 장애학생이 일반학급 수업에 "물리적으로 실재"하는 참여 자체에 의미를 두고, 장애학생과 비장애학생의 "사회적 통합"에 큰 의미를 두면서 그 외의 것에 대해서는 크게 불평하거나 더 높은 기대를 하지 않았다. 그런데 이러한 "허니문 시기"가 너무 오래 지속되다 보니 통합교육의 질적인 제고는 열렬하게 기대되지 않고, 통합교육을 도대체 왜 하고 있는지, 아니 통합교육이란 무엇인가의 근본적 가치에 대한 "확실한 상기"가 다시금 필요하다는 생각이 드는 요즈음이다.

1999년에 나는 『특수교육학연구』 학술지에 「일반학급에 통합된 장애학생의 수업의 질 향상을 위한 교수적 수정의 개념과 실행 방안」이라는 논문을 발표하였다. 이 논문은 우리나라에서 통합교육을 실행하는 맥락에서는 현재까지 가장 많이 참조되는 논문들 중에 하나인데, 그 이유는 장애학생이 일반학급에 통합되었을 때 일반학급 교과 수업을 어떻게 조정하여 장애학생을 수업에 참여하게 할 수 있는가의 "교수적 수정 방법론"을 "처음"으로 제시한 논문이기 때문이다. 교수적 수정 방법론이 처음 주창되고도 거의 15년의 시간이 흘러가면서 통합교육의 질적인 실행을 위해 획기적이고 적극적인 변화는 일반교육 분야에서는 거의 없는 듯 보였다. 그 와중에 2009년부터 교원자격검정령이 바뀌어 특수교육개론 한 과목이 우리나라의 "모든" 교원양성 프로그램의 예비교사들의 "필수 교직과목"이 되는 중대한 제도적 진전을 기록하기도 하였다.

국가수준의 일반교육과정을 실행하고 있는 우리나라 학교교육 실제에서 특수교육대상 학생의 일반학교 내 base camp가 특수학급이 아닌 "일반학급"이 되기까지 겉모양새의 진전이 이루어진 것의 함의는 무엇인가? 이제는 그것에 걸맞은 일반교육과정 중심의 통합학급 수업에 장애학생이 어떻게 의미 있게 참여할 수 있게 하는가에 대해서 한 단계 더 높은 수준의 발전이 절실히 필요하다. 이러한 맥락에서 국내에서는 장애학생의 의미 있는 통합학급 수업 참여방안의 모색과 실행에 대해서 오랜 "목마름"이 있어 왔는데, 그 목마름에 해갈이 될 법한 반가운 책들 중 하나가 2005년에 Nolet과 McLaughlin이 출판한 바로 이 책이다. 현재 우리나라 통합교육 실제의 진전 맥락으로 볼 때, 이 책은 시의적으로 가장 적합한 내용을 가진 책들 중 하나로 보인다.

이 책은 미국의 일반교육 분야에서 "교육의 질 제고" 노력의 일환으로 제기된 기준중심 개혁(standard-based reform)이 특수교육의 실제에 어떠한 영향력을 미쳤는가를 보여 준다. 즉, 특수교육 체계가 그 변화를 담아내야 하는 압력과 요구를 받게 되면서 구체적으로 한 장애학생 교육의 실제에 그 기준중심 개혁의 요소들을 어떻게 반영할 수 있는가의 방법론을 이 책은 제시한다. 이 책의 원제 *Accessing the General Curriculum: Including Students with Disabilities in Standards-Based Reform* 이 제시하듯이, 이 기준중심 개혁 요구의 핵심이 바로 "일반교육과정으로의 접근"(access to general curriculum)이다. 장애학생이 통합교육 환경에서 더 높은 기대를 받는다면 그것은 일반교육과정에 접근하는 것으로 귀결될 것이라고 본다. 그러나 개별 장애학생의 교육적 요구를 고려하지 않고 무작정 일반교육과정 내용에 접근하라는 요구를 하는 것은 전혀 아니다. 장애학생의 교육적 요구에 부응하면서 어떻게 일반교육과정을 개별적으로 수정하여 개별화교육프로그램(IEP)과 연계할 수 있을지 구체적 방법론을 제시한다.

1장에서는 일반교육과정 접근의 역사적 배경과 특수교육 진전 맥락에서 일반교육과정 접근의 개념적 설명을; 2장에서는 교육과정 성격에 대한 일반적 설명과 더불어서 일반교육과정을 이해하는 틀을; 3장에서는 학습과 교수의 연계에 대한 설명을; 4장에서는 일반교육과정 접근을 지원하는 평가에 대한 설명을; 5장에서는 일반교육과정 접근과 개별화교육프로그램(IEP)의 관계를; 6장에서는 일반교육과정 접근을 위한 IEP 개발의 결정 과정 단계들을 제시한다.

이 책은 작고 소박하지만 어떤 학술 서적 못지않게 번역하는 것이 아주 까다로웠다. 제자 박사들과 공역을 하였지만 수차 세미나를 하였고 실제 번역과 퇴고하는 시간이 오래 소요되었다. 일반교육과정 중심의 통합학급 수업을 장애학생의 개별적 · 교육적 요구를 반영하면서 어떻게 의미 있게 조정할 수 있는가의 방안을 제시하기 위해 미국 실제 교육과정을 활용한 수업을 예로 들어 설명하고 있어서 우리나라 현장 교사들에게는 매우 유익한 정보가 되리라 본다.

나는 2008년에 『임상적 판단: 장애분야 최선의 실제의 네 번째 요소』라는 책을 번역하면서 역자 후기에 "작고 매운 책의 달콤함"이라는 제목을 붙였었는데, 이 번역서를 "작고 매운 책의 달콤함 두 번째"라고 불러 주고 싶다. 통합교육을 질 높게 실행하는 것에 관심을 둔 모든 일반교사, 특수교사, 행정가, 교수, 관련 전문가, 준전문가, 부모 및 전공 학생들, 그리고 내 제자들에게 이 책이 작은 도움이 되길 바란다. 이 책은 통합교육과 교육과정 관련 학부 및 대학원 수업의 교재로 사용하기에 적합하다.

우리나라 통합교육 실제가 양적인 확대로 제1막의 발전을 기록하였다면, 질적인 요소들을 진전시키는 "제2막의 발전"은 필히 시작되고 안정적으로 성취되어서 "모든" 학생을 위한 최적합한 교육을 성취하는 "제3막의 발전"으로 도약하는 데 우리 모두의 지혜와 헌신을 합하였으면 하는 바람이다.

끝으로, 이 책의 표지와 내지에 사용한 정말 사랑스러운 그림을 그려 준 서울 미양초등학교 4학년 5반 통합학급 24명 학생들과 담임 정수진 선생님 그리고 특수학급 남혜진 선생님께 큰 감사를 드린다.

책임 역자 박승희

2014년

처음과 같이 이제와 항상 영원히

저자 감사의 글

지난 몇 년간 코윈 출판사(Corwin Press)의 롭 클로스(Robb Clouse)에게서 받은 격려와 지원에 진심으로 감사드립니다. 이 책이 출판될 수 있었던 것은 우리의 아이디어에 대한 롭의 확고한 자신감과 그것들을 표현하는 방법에 대한 그의 정확한 판단력 덕분이었습니다.

코윈 출판사는 다음 사람들의 수고에 감사드립니다:

Rosa Lockwood
Program Consultant
Ohio Office of Exceptional Children
Columbus, OH

Nora Bauer
Varying Exceptionalities Teacher
DeSoto Trail Elementary School
Tallahassee, FL

John Enloe
Director of Special Education
Sevier Country School District
Sevierville, TN

Jane Adair
Resource Specialist
Long Beach Unified School District

Long Beach, CA

Judy Woodard
Special Education Teacher
Anderson Five School District
Anderson, SC

Mariella Brenlla
ESE Program Specialist
Miami Dade County Public Schools
Miami, FL

Paula Swanson
K-3 LAB Teacher
Patrick Henry School
Alexandria, VA

Art Arnold

Alaska State Special Education Director
Alaska Department of Education & Early
Development
Juneau, AK
Lynne Everett
Consulting Teacher
Harding Avenue Elementary School

Blacksburg, VA

Kathy Bradberry
SPED Teacher
Darlington County School District
Darlington, SC

차례

그림 목록

Box 목록

서문

1997년과 2004년에 개정된 미국장애인교육법(IDEA)은 장애학생이 무상의 적합한 공교육을 받을 수 있는 권리를 강화하고 이들 학생을 위한 확대된 책무성을 보장한다. 법은 특수교육이 일반교육과정과 반드시 연결되어야만 한다는 기대를 명확히 전달하는 진술을 포함한다. 미국장애인교육법은 장애학생의 교육은 학교가 일반교육과정 접근을 가능한 한 최대화할 때 더욱 효과적일 수 있음을 단언한다. 또한 장애학생이 적합한 조정을 통해 주와 지역에서 이루어지는 평가에 참여하거나 필요한 경우 대안적인 평가를 통해 참여할 것을 규정한다.

미국장애인교육법은 특수교육의 기반이 일반교육과정과 평가 그리고 책무성에 있어야 함을 명확히 한다. 미국 학교들은 모든 학생을 위한 도전적인 기준들, 평가 및 고부담 책무성을 기반으로 한 체계를 향해 빠르게 움직이고 있다. 이러한 맥락에서 일반교육과정 "접근"을 제공하는 것의 의미를 이해하는 것이 다른 어떤 시기보다 더 중요하다. 학교와 학생이 더 높은 기대를 받고 있다면, 교사는 모든 학습자에게 새로운 기대에 부응할 수 있는 기회를 제공하는 방법을 알아야만 할 것이다.

1

일반교육과정 접근:
왜 이전보다 더 중요한가?

미국장애인교육법과 일반교육과정으로의 접근

아동낙오방지법

기준과 교육과정 간의 연결

특수교육을 생각하는 새로운 한 방안

제1장 일반교육과정 접근: 왜 이전보다 더 중요한가?

이 책의 목적은 "일반교육과정으로의 접근"과 모든 학생이 그 교육과정에 접근하는 기회를 보장받는 것의 의미와 함의를 탐구할 때 교사와 학교행정가들이 정책을 실제(practice)로 실행하기 시작하는 것을 돕는 것이다. 이 장에서 우리는 "일반교육과정으로의 접근"이 의미하는 맥락을 논의할 것이다. 우리는 현재 법적 및 정책적 기반을 논의할 것이고, 교사들이 교실에서 알고 실행해야 할 필요가 있는 것과 광범위한 정책적 배경 사이의 중요한 연계를 논의할 것이다. 또한 우리는 미국장애인교육법(Individuals with Disabilities Education Act: IDEA)을 시작으로 아동낙오방지법(No Child Left Behind Act: NCLB)의 새로운 책무성 개혁의 요구 사항에 대해 논의할 것이다.

미국장애인교육법과 일반교육과정으로의 접근

최근 미국장애인교육법(IDEA)은 개별 장애학생이 양질의 개별적으로 고안된 교육을 받을 수 있도록 보장하는 데 있어서 주요한 진보를 나타내는 수많은 새로운 규정을 포함하게 되었다. 이러한 규정들은 법의 원래 목적들에 기반하고 있다: 각 학생은 무상의 적합한 공교육을 보장받아야만 한다; 각 학생의 교육은 개별화 토대에서 결정되어야만 하고 최소제한 환경에서 개별적인 특정 욕구에 충족하도록 고안되어야만 한다; 아동과 그 가족의 권리는 절차적 안전 장치를 통해 보장되고 보호되어야만 한다. 그러나 장애학생들에게 도전을 주는 교육과정에 접근하고 그들의 교육적 프로그램이 높은 기대에 기반을 두도록 더 보장하는 데 여러 변화가 있어 왔다. 2004년의 미국장애인교육개선법(Individuals with Disabilities Education Improvement Act of 2004)은 단순히 장애학생들의 교육적 수행을 증진시키기 위해 교육에의 접근을 보장하는 것으로부터, 기준, 평가, 책무성을 포함하는 더 큰 국가적 학교 개선 노력 아래에서 특수교육 서비스를 재정비하는 것으로 특수교육의 초점을 더 발전시키고 있다.

새로운 개별화교육프로그램(IEP)의 제공. IEP는 특수교육의 토대이자, 아동의 교육적 프로그램의 성공을 위해 중요하다. 1997년과 다시 2004년에 미국장애인교육법에서의 IEP 규정에서의 변화는 개별 장애학생들에게 일반교육과정으로의 접근을 제공하려는 특정 관심을 요구하고 있다. 이 요구 조항은 학생이 특수교육과 관련서비스를 받고 있는 환경이 어딘가와 무관하게 실재한다.

다음은 IEP가 반드시 포함시켜야 할 것들의 개요다:

- 아동의 현행 학업적 성취와 기능적 수행 수준에 대한 진술. 이 진술은 어떻게 장애가 한 아동의 일반교육과정에의 참여와 진보에 영향을 주는지를 포함시킴(학령 전 아동의 경우, 장애가 적합한 활동들에 대한 아동의 참여에 어떻게 영향을 미치는지에 대한 진술). 대안적 성취 기준에 의거한 대안적 평가를 받는 아동의 경우는 벤치마크(benchmarks) 혹은 단기 목적들의 진술

- 측정 가능한 연간 목표. 이 연간 목표는 아동이 일반교육과정에 참여하고 진보할 수 있도록 고안된 학업적 및 기능적 목표를 포함하며, 동시에 아동의 다른 독특한 교육적 요구 모두를 충족하여야만 함
- IEP 연간 목표 달성을 향한 아동의 진보를 어떻게 측정할 것인가와 언제 진보에 대한 정기적인 보고를 제공할 것인가에 대한 진술
- 특수교육과 관련서비스, 보충적인 도움과 서비스에 대한 진술. 이런 것들은 아동에게 제공될 것으로 가능한 한 전문가가 검증한 연구에 기초한 것임. 아동이 연간 목표 달성을 향하여 진전해 가는 데, 일반교육과정에 참여하고 진보하는 데, 특별활동 혹은 다른 비학업적 활동들에 참여하는 데, 다른 장애 및 비장애 아동들과 함께 교육되고 활동들에 참여하는 데 필수적인 것으로 학교 직원들을 위한 어떠한 수정 혹은 지원에 대한 묘사
- 만약 아동이 일반학급 활동에 비장애아동들과 함께 참여하지 못한다면 그 정도에 대한 설명
- 주(state)나 학교지역구 평가에서 한 아동의 학업적 성취와 기능적 수행을 측정하기 위해 필수적인 개별적으로 적합한 조정(accommodations)에 대한 진술. 만약 IEP 팀이 아동이 대안적 평가를 받아야 한다고 결정한다면, IEP는 아동이 왜 정규 평가에 참여할 수 없는지와 선정한 대안적 평가를 명시하는 진술을 포함하여야만 함
- 적합하고 측정 가능한 16세 또는 이후에 시작되는 중등 이후(post-secondary) 목표

미국장애인교육법(IDEA)과 평가에의 참여. 미국장애인교육법은

모든 장애아동이 모든 주와 학교지역구 평가 프로그램에 그들의 IEP에서 필요하다고 제시된 적합한 조정과 대안적 평가를 가지고 참여해야 함을 요구한다. 특히 2001년 초등 및 중등교육법의 Title I(아동낙오방지법 혹은 NCLB)하에서 주들과 학교지역구들은 평가에 장애학생을 포함시킬 것을 요구하였다. 미국장애인교육법과 아동낙오방지법의 Title I은 장애학생들이 평가에 어떻게 참여할 것인가와 그들의 점수가 어떻게 보고될 것인가에 대해 특별한 요구 사항을 제공한다. 나아가 미국장애인교육법과 아동낙오방지법은 대안적 평가를 주의 학업적 내용 기준(content standards)과 학생 성취 기준을 맞추는 것으로 정의한다.

주와 학교지역구는 장애학생의 주와 지역구 평가에서의 수행을 보고하도록 요구되는데, 대안적 평가를 포함하고, 비장애학생의 수행을 보고할 때와 같은 정도의 상세성이 요구된다. 아동낙오방지법의 보고와 책무성 요구는 장애학생의 하위 그룹에 동등하게 적용된다. 미국장애인교육법은 주와 지역 평가가 한 학생이 도전적인 학업적 내용을 학습하는 기회에 기여하는 교육적 혜택으로서 간주될 것을 분명히 전달한다. 나아가 미국장애인교육법은 학교가 특수교육대상 학생들의 성취에 책임이 있고 장애학생에 대한 기대를 높이고 그들의 교육적 성과를 개선하고자 하는 연방 정책입안자의 의도를 명백히 알리는 것을 확실히 하는 데 있어서 아동낙오방지법을 지지한다.

아동낙오방지법

연방 아동낙오방지법(NCLB)은 1965년에 처음 통과되었던 초등 및 중등교육법(ESEA)의 2001년 버전이다. 이 법의 Title I은 저소득층 아동을 위한 교육적 공평성을 창출하는 것에 항상 관심을 두어 왔고, 미국 학교에서 가장 큰 연방정부 프로그램으로서 K-12 교육 정책에 주요한 영향을 미쳐 왔다. 1990년대 초반에 극도로 가난한 학교의 학생들과 다른 학생들 사이의 더 나은 공평성을 촉진하기 위한 노력으로 Title I에 많은 변화가 이루어졌다. 이 변화는 대략 20년 동안 개혁을 위한 우세한 모델인 기준추구(standards-driven) 개혁이라는 교육의 한 비전에 기초하고 있다. 2001년에 아동낙오방지법은 기준추구 개혁의 비전을 강화하였고, 주들이 도전적인 기준들을 창출하고 학교들과 학교체계에 더 많은 책무성을 요구하도록 이전보다 더 많은 요구를 하였다. 아동낙오방지법하에서 요구 사항들을 이해하기 위해서는 기준추구 개혁의 구성 요소들을 이해할 필요가 있다.

기준추구 개혁의 구성 요소

기준추구 개혁은 세 가지 결정적인 구성 요소를 포함한다: (a) 도전적인 내용과 성취 기준, (b) 학생이 기준들을 충족하도록 학교가 어떻게 도울 수 있는가를 측정하는 데 목적을 둔 평가(assessment), (c) 학생 수행의 높은 수준을 성취하기 위한 책무성.

기준. 기준추구 개혁을 정의하는 요소는 내용과 성취 기준이다. 기준들은 학생들이 그들의 공립학교 교육의 결과로서 무엇을 알아야 하거나 무엇을 할 수 있어야 하나에 대한 일반적인 진술들이다. 내용 기준들은 가르쳐야 하는 것, 교과목, 기술과 지식 그리고 적용을 의미한다. 그것들은 교육자들의 전문적 판단을 반영하며 넓게는 교육에서 진정 문제가 되는 것은 무엇인지에 대한 지역사회의 생각을 나타낸다. 성취 기준들은 학생들이 내용에서 성취해야만 하는 목표나 수행 수준들을 정한다. 성취 기준들은 교수를 위한 목표들을 세운다. 그것들은 "학생들이 특정 학년이 되면, 우리는 그들이 [이 특정한 것들을] 할 수 있기를 기대하고 그들이 [이 구체적 정보 혹은 지식을 사용]할 수 있는 것을 나타내 보일 수 있기를 기대한다."는 것을 구체화한다.

아동낙오방지법의 Title I 하에서, 모든 주는 읽기, 수학, 과학 과목에서 내용과 성취 기준들의 한 세트를 가질 것이 요구된다. 대부분의 주는 사회, 역사, 체육, 기술과 같은 다른 교과목 영역에서도 내용 기준들을 설정해 왔다. 그러나 모든 내용 기준이 상응하는 성취 기대를 가지고 있는 것은 아니다.

어떤 기준들은 학습자 목표에 대한 광의의 진술인 반면(예: "자기충족적 학습자가 되기."), 다른 기준들은 학습자가 특정 교과의 내용 영역에서 무엇을 알 수 있고 할 수 있어야 하는가에 대해 아주 구체적이다(예: "학생들은 학년 수준의 교과서를 높은 정확도와 적합한 속도, 억양, 표현을 가지고 읽을 것이다.").

기준들은 여러 이유에서 중요하다. 기준들은 한 주 내의 모든 학교에서 모든 교사가 무엇을 가르쳐야 하는가를 정의하는 면에서 여러 학교와 학급을 망라하여 공평성을 창출하는 의도를 지녔다. 또한 기준들은 앞으로 평가될 것들과 학교들에게 책무성이 요구될 내용들을 정의한다. 끝으로, 교사들은 그 기준들을 가르치도록 기대되기 때문에, 교육과정적 틀, 목표들 및 교육 자료(예: 교과서들)들이 한 주의 기준들과 직접적으로 제휴가 될 것이다.

평가. 아동낙오방지법하에서 주들은 그 주들의 내용 기준들에 근거하여 학생 수행을 측정하는 일련의 평가 세트를 가지는 것이 요구된다. 주들은 세 가지 내용 영역(읽기/언어, 수학 및 과학)에서 모든 학생의 적어도 95%를 반드시 평가하여야만 한다. 주들은 3-8학년까지는 각 교과목에서 매년 그리고 9-12학년 동안에는 한 번 학생들을 평가하여야만 한다. 또한 주들은 성취의 세 가지 수준들, 즉 기초(basic), 양호(profi-cient), 심화(advanced) 수준을 설정하여야만 한다.

　학년별 평가는 어떤 장애학생들, 특별히 심각한 인지적 장애를 가진 학생들에게는 적합하지 않을 수 있기 때문에, 미국장애인교육법과 아동낙오방지법의 양 법에서는 주들이 대안적 평가와 대안적 성취 기준들을 창출할 수 있도록 허용한다. 그러나 단지 제한된 수의 학생들(1%를 넘지 않는)에게만 이러한 대안적 기준들을 적용할 수 있게 한다. 대안적 성취 기준들은 복잡성 견지에서 학년별 성취 기준과 다른 학생의 수행을 정의하는데, 이러한 성취 기준들은 주의 정규 학업 내용 기준들과 제휴되어야 하고, 일반교육과정으로의 접근성을 촉진하고, 높거나 도전적인 기준들을 반영하여야만 한다.

　책무성. 아동낙오방지법하에서 교육적 책무성을 위한 새로운 요구들은 학교들과 개인 학생들을 위한 후속 결과를 변화시켜 왔다. 학교와 학교 체계 수준의 책무성은 대단히 증가되었고 그것은 학생 평가 결과에 거의 전적으로 기초하고 있다. 학교들이 책무성을 나타내는 데에는 두 가지 방안이 있다: 학교성적표(school report cards)와 같은 공적인 보고를 통하는 방안과 적절한 연간진보(Adequate Yearly Progress: AYP)로 불리는 복잡한 절차를 통하는 방안이다.

　주들은 각 학년, 교과목 및 수준에 대해 학교, 학교지역구, 주 수준에 평가 결과를 공적으로 보고하여야만 하고, 점수를 성, 인종/민족성, 저소득층 학생, 특수교육 학생 및 영어 제한성 학생별로 분리해서 보고하여야만 한다. 추가해서, 학교들과 학교지역구들은 자격을 완전하게 갖춘 교사 수, 학생 출석 수, 정학과 퇴학 수, 중도탈락 비율 및 졸업생 수과 같은 다른 여러 지표에 대해서 보고하여만 한다. 이들 보고의 목적은 학교들의 교육적 수행을 가능한 한 투명하게 만들자는 것이다.

공식적인 보고에 더하여, 주들은 세 가지 교과목 영역에서 각 학년 수준 및 하위 그룹 각각에 대해 학생들을 위한 연간 수행 목표들을 설정하여야만 한다. 연간 목표는 주 평가에서 숙달 및 우수 수준에 도달하여야만 하는 학년 및 하위 그룹 학생의 비율을 나타낸다. 연간 목표들은 적절한 연간진보(AYP)로서 보고되고 모든 하위 그룹이 2013-2014학년도까지 숙달 혹은 우수 수준에 도달하도록 고안된다. 하위 그룹을 위한 적절한 연간진보 목표를 충족하지 못한 학교에 대해서는 구체적인 후속 결과가 적용된다.

아동낙오방지법이 단지 학교와 체계 수준의 책무성을 다루는 반면, 학생 수준에서 책무성은 시험 점수가 한 학년에서 다음 학년으로 혹은 고등학교 졸업으로 진전해 가는 것과 연결되는 것을 의미한다. 예를 들면, 2003-2004년에 주들은 고등학교 졸업 시험을 치렀고, 이 시험들의 대부분은 높은 수준의 지식을 요구한다.

기준추구 개혁은 모든 학생이 교과목 내용에서 더 높은 수준의 학생 성취를 성취하도록 하는 전반적인 목표를 가지고 있다. 그래서 장애학생들은 수준 높은 기준 기초적 교육과정과 교수에의 접근성을 이전보다 더 많이 가질 필요가 있다.

기준과 교육과정 간의 연결

일반 및 특수 교사들이 모든 학생이 높은 수준을 성취하도록 돕는 도전에 직면함에 따라, 교사들은 내용과 성취 기준들 사이의 연결, 교육과정과 그들이 매일 가르치는 것 사이의 연결뿐 아니라 기준으로의 접근성을 어떻게 제공할 것인가에 대한 철저한 이해를 가질 필요가 있다. 나아가 교사들, 부모들 및 다른 종사자들은 기준들과 일반교육과정이

어떻게 한 학생의 IEP에 관련되는가에 대해 심도 있게 이해할 필요가
있다.

기준들의 분석

내용과 성취 기준의 가장 주요한 목표는 교실 교수에 초점을 두는
것이라는 점을 기억하라. 그래서 교사들이 어떠한 지식, 정보 및 과정들
이 내용과 성취 기준들에 함축되거나 삽입되어 있는가를 철저하게 이
해할 수 있는 것은 중요하다. 기준추구 교육과정을 실행한 미국 전역의
학교들을 대상으로 수행된 연구의 결과는 특수교사들이 그들이 가르친
것을 되짚어 보기보다는 새로운 내용을 "추가하는" 경향을 보였다는
것이다(McLaughlin, Henderson, & Rhim, 1997; McLaughlin, Nolet, Rhim, &
Henderson, 1999). 다시 말해서, 교사들은 자주 자신들이 좋아하는 수업,
교육과정 및 자료들뿐 아니라 "진부한" 교수 전략을 계속적으로 사용
하기를 원한다. 예들 들면, 그들은 수학에서 어림하기 혹은 쓰기 활동
참여와 같은 새로운 기준 기초 기술들을 가르치려고 하면서도 특정 기
능적 기술들(예: 시간 혹은 돈에 대한 교수 등)에 대한 교수를 계속하려
고 한다. 교사들은 자주 몇 가지 우선순위가 경쟁되는 것으로 힘들어하
고 "그것들을 모두 다룰" 시간의 부족으로 좌절한다. 그 결과, 그들의
교수는 분리된 내용(splinter)들의 한 집합 혹은 별 상관없이 수집된 지
식에 초점을 두게 된다.

교사들이 첫 번째로 알아야 할 것은 개별 내용과 성취 기준들은 혼
자 실재하지 않고 학년 수준들에 걸쳐서 연결된다는 것이다. 무슨 기준
들이 먼저 오고 어떤 기준이 나중에 나타나는지를 아는 것은 무엇을 가르
치고 그것을 언제 가르칠 것인가를 이해하는 데 아주 중요하다. [그림
1-1]과 [그림 1-2]는 주의 유치원 전 수준부터 3학년까지의(preK-3) 읽

[그림 1-1] 일반적인 읽기 과정: 파닉스

학생들은 생소한 단어들을 해독하기 위하여 문자-소리의 관계 및 단어 구조에 대한 지식을 적용할 것이다.

유치원 전	유치원	1학년	2학년	3학년
파닉스(phonics)	파닉스	파닉스	파닉스	파닉스
학년 수준의 교과서 단어들을 해독한다.	학년 수준의 교과서 단어들을 해독한다.	학년 수준의 교과서 단어들을 해독한다.	학년 수준의 교과서 단어들을 해독한다.	학년 수준의 교과서 단어들을 해독한다.
단어에서 대문자, 소문자들을 판별하고 문자들의 이름을 대는데, 특히 학생들 자신의 이름에서 대문자와 소문자를 판별한다.	글자들과 단어들에서 유사점들과 차이점들을 판별한다.	단모음들, 장모음들 및 y를 한 모음으로 인식하고 적용한다.	단어를 해독하기 위해 파닉스를 사용한다.	공통적인 단어 부분들(common word parts)을 소리 낸다.
	1음절 단어들의 글자 소리들을 조합한다(CVC).	단어들을 이중자음, 혼합음(blends) 및 특별한 모음 패턴들과 같은 글자 결합으로 해독한다.	복합단어들, 축약어들 및 굴절어미들을 아는 부분들로 나눈다.	단어들을 익숙한 부분들로 나눈다.
	1음절 단어들을 해독하기 위해 어두자음군(onset)과 라임(rime)을 사용한다.	1음절 단어들을 유창하게 읽는다(CVC, CVCE).	CVC, CVCE, CVVC와 같은 단어들을 읽기 위해 모음 패턴들을 판별하고 적용한다.	해독 노력을 확실히 하기 위해 문장에서 단어 의미들과 순서를 이용한다.
		모르는 단어들을 해독하기 위해 아는 단어/부분을 사용한다. 예: car → card	spl, str과 같은 혼합음을 유창하게 읽는다.	

[그림 1-2] 기준 1.0: 대수, 패턴 혹은 함수의 지식

학생들은 패턴들이나 함수 관계들이 포함된 수학적 혹은 현실적 문제들을 대수적으로 나타내거나, 모델로 나타내거나, 분석하거나 해결할 것이다.

6학년	7학년	8학년
A. 패턴들과 함수들	A. 패턴들과 함수들	A. 패턴들과 함수들
1. 숫자적 패턴들과 함수들을 판별하고, 묘사하고, 확장하고, 창출한다. (a) 물리적 모델이나 한 함수표로 제시되는 수열들을 판별하고 묘사한다. (b) 사칙연산(+, ―, ×, ÷)의 한 가지 함수표를 위한 규칙을 해석하고 작성한다. (c) 두 가지 연산 규칙을 가지고 한 함수표를 완성한다.	1. 선형(linear) 패턴들과 함수들을 판별하고, 묘사하고, 확장하고, 창출한다. (a) 한 함수표로 제시되는 한 수열을 판별하고 확장한다. (b) 한 기하학적인 수열을 판별하고 확장한다. (c) 일차함수에서 한 변인의 변화가 표에서 다른 변인에 어떻게 영향을 미치는가를 묘사한다.	1. 패턴들과 함수들 및 수열들을 판별하고, 묘사하고, 확장하고, 창출한다. (a) 단어들, 표, 그래프에 제시되는 수열들의 반복적 관계를 결정한다. (b) 단어들, 표, 그래프로 제시되는 기하학적 수열들의 반복적 관계를 결정한다. (c) 함수들이 단어들, 표, 기호적으로 또는 그래프로 제시될 때 선형인지 혹은 비선형인지 여부를 결정한다. (d) 기호적으로 제시될 때 함수가 선형인지 혹은 비선형인지 여부를 결정한다.

기/언어 기준들과 6학년부터 8학년까지의 수학 기준들의 구체적인 예들을 제공한다.

　주 기준들의 예에서, 학년 수준들을 망라하여 나타나는 분명한 "계통"(strands) 혹은 구체적 지식이 있다. 예를 들면, 파닉스(phonics: 발음

중심 어학교수법)는 유치원 전(preK) 수준에서 2학년까지 가르치나 요구되는 지식은 학년 수준에 따라 다르게 교수된다. 수학 기준들은 구체적 지식 요구가 학년 수준들에 걸쳐서 변화하지는 않지만 학생들이 그 지식을 어떻게 나타내 보이는가에 대한 기대는 점점 높아지고 복잡해지는 것을 보여 주는 또 다른 예를 제공한다.

　반드시 분명히 해야 할 것은 각 학년에서 요구되는 지식은 이전 지식 위에 정립되는 것이고 그다음의 지식에 영향을 미친다는 것이다. 교사들이 내용 기준들 사이에서 하나를 골라서 선택할 수 없을 때 한 특정 학년에서 어떤 구체적 기술들, 개념들 혹은 기준들을 교수하지 않기로 한 결정은 모든 그 이후 학년들에 함축성을 지닌다.

　기준들에 대해 또 다른 중요한 고려 사항은 특정 지식과 과정들 사이의 상호작용이다. 대부분 주들의 기준들은 응용 문제 해결과 참(authentic) 지식을 강조한다. 이러한 기준들을 교수한다는 것은 보다 활발한 학생들의 역할과 보다 적은 교사 주도의 교수를 요구한다. 단순 기술 개발은 보다 적어지고 학생들이 주제들을 이해하고 실제로 그 내용들을 가지고 무엇인가를 할 수 있게 되는 것에 더 많은 강조를 둔다. 나아가 학생들이 수학 개념과 기술을 과학에 적용하는 것이나 혹은 한 문제를 어떻게 풀었는가를 써서 의사소통할 수 있게 되는 것을 요구하는 것과 같은 교과목 영역들을 망라하는 기준들이 많다. 교사들은 기준에서 의도하는 성과에 따라 교수적 전략들을 맞출 필요가 있다. 예를 들면, "선형 함수에서 한 변인에서의 변화가 어떻게 표에서 다른 변인들에 영향을 미치는지를 묘사하기."가 있다. 학생들이 이 기준에서 설정한 교수를 받고 난 후에 알아야 하고 또 할 수 있도록 의도된 것은 무엇인가?

내용과 성취 기준들 사이의 차별화

지금까지 내용 기준들에 대한 더 심도 있는 이해를 개발하는 것에 대해 그리고 그것들이 의도된 지식, 기술들 및 과정들을 어떻게 정의하는가에 대해 이야기했다. 대조적으로, 성취 기준들은 학생들이 그 지식, 기술들 및 과정들을 어떻게 잘 혹은 어떻게 유창하게 나타내 보여야만 하는지를 정의한다. 성취 기준들은 기준들과 분명하게 제휴되어야만 하는 평가에 의해 전형적으로 정의된다. 그러나 평가는 모든 기준의 모든 측면을 측정할 수는 없다. 그래서 평가는 학생 수행의 표본을 평가하도록 고안되었다.

자주 "대규모" 평가로서 일컬어지는 주 평가는 교사들에게 한 학생이 수행하여야 하는 일반적인 학년 수준에 대해서 중요한 정보를 줄 수 있다. 또한 사지 선다형 평가와 같은 이전 형태들과는 달리 더 새로워진 평가는 내용 기준들에 의해 의도되는 과정들과 적용들을 설명하기 위해 고안된다.

[그림 1-3]과 [그림 1-4]에 있는 예시 문항들에서 알 수 있듯이, 오늘날의 평가는 전통적인 사지 선다형 시험 문항들뿐 아니라 학생들이 답이나 과정을 설명하는 것이나 특정 문항들에서 확장하는 것을 요구하는 구조화된 반응 문항들도 모두 포함한다. 관례적인 에세이 질문들 또한 포함된다. 문항들은 기준들에 포함된 기술들과 과정들 및 기대되는 교수 유형들의 모델을 나타낸다. 교사들은 이러한 시험들을 가르치도록 기대된다. 그러나 대규모 평가들은 한 기준 영역에서 한 학생의 이해 수준에 대한 정보의 폭 혹은 깊이를 제공하도록 고안되지 않으며 교수적 단원(units), 수업 지도안(lesson plans) 혹은 IEP를 개발하는 데 사용되는 정보의 유일한 자원일 수는 없다.

[그림 1-3] 4학년 수학 평가 문항들의 예

다음 도형의 둘레는 80인치입니다.

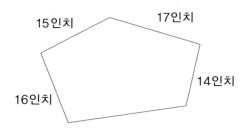

인치 표시가 빠진 측면 부분의 길이는 몇 인치인가요?
  A. 8인치
  B. 18인치
  C. 22인치
  D. 28인치

사라(Sarah)는 친구 집에 가고 있습니다. 사라는 3시 45분에 집을 나섰고, 친구 집에는 5시 15분에 도착했습니다.

단계 A
사라의 집에서 친구의 집까지는 얼마나 걸리나요?

단계 B
여러분의 답이 옳은 이유를 설명하기 위해 경과 시간에 대해 알고 있는 것을 사용하세요. 여러분의 설명에서 단어들, 숫자들 혹은 양쪽 모두를 사용하세요.

[그림 1-4] 8학년 읽기 평가

밑줄 친 단어와 동일하거나 거의 동일한 의미를 가지는 단어 혹은 단어들의 그룹을 선택하세요. 그리고 선택한 답을 표시하세요.

대못은 _____과 비슷하다.

- a. 나무조각
- b. 베개
- c. 접시
- d. 못

〈아라크네(Arachne)〉와 〈다몬과 피디아스(Damon and Pythias)〉를 읽고 다음 물음에 답하세요.

피디아스가 그의 일을 해결하도록 허락함으로써 디오니소스는 그의 어떤 면을 보일 수 있었나요?

- a. 용감하다
- b. 동정심이 많다
- c. 무심하다
- d. 우유부단하다

〈왕 야니(Wang Yani)〉를 읽고 다음 물음에 답하세요.

야니는 청년들에게 어떤 충고를 해 주었나요? 답을 확인할 수 있도록 이야기의 구체적인 내용을 들어 설명하세요.

여러분의 답안지에 답을 쓰세요.

기준들과 교육과정

지금까지 여러분은 기준들이 교육과정을 이끌어 가도록 의도된 것이라는 것을 알게 되었다. 다음 장에서는 무엇이 "교육과정"을 구성하고, 어떻게 "일반교육과정"이 구성되는가에 대해서 많은 것을 공부하게 될 것이다. 여러분은 그 전에 여러분 학교와 학교지역구에서 사용되는 교육과정에 대해 많은 것을 아는 것이 중요하다. 많은 학교지역구와 주는 주의 기준들과 제휴되는 내용 영역에서 유치원-12학년 교육과정을 개발하였다. 그러나 모든 학교지역구가 그러한 제휴된 교육과정을 가진 것은 아니다. 그래서 여러분 주의 기준들을 여러분 학교지역구에 실재하는 그 어떤 교육과정 가이드와 비교해 보는 것이 중요하다. 교과서와 같은 중요한 교육과정 교재들을 검토하는 것을 잊어서는 안 된다. 이러한 것들 또한 그 기준들을 반영하거나 혹은 제휴한다. 이러한 활동은 한 학교 내 혹은 학년 수준 내의 교사들이 참여할 필요가 있다.

여러분과 동료가 주의 기준들을 검토할 때 반드시 판별해야 할 것들 중 하나가 각 교과목 영역에서 다루어지는 구체적 주제들이다. 예를 들면, [그림 1-2] 기준들에서 6-8학년 수학은 패턴과 함수와 같은 대수적 주제들을 다룬다. 6학년부터 기준들에서의 변화를 주시하라. "한 물리적 모델 혹은 함수표로 제시되는 수열들을 판별하고 묘사하라." 7학년에서, "한 함수표로 제시되는 한 수열들을 판별하고 확장하라." 그리고 8학년에서 "한 표 혹은 그래프에 있는 단어가 나타내는 수열들의 반복적 관계를 결정하라." 여러분의 수학 교육과정은 학년 수준들에 걸쳐서 어떠한 주요 주제들을 다루는가?

여러분은 구체적 주제들 각각에 대해서 그 주제들에 포함되는 구체적 기술들과 과정들의 유형들을 알아내기 위해 더 깊게 파헤쳐야 한다. 예를 들면, 어느 학년에서 어떤 계산 기술들이 다루어지는가? 지식과 기술들의 적용은? 학생들은 무엇을 할 수 있도록 혹은 나타내 보이도록 기대되는가? 이런 것들은 모든 학년에서 가르쳐지는가? 때때로 기준들은 과도하게 일반적일 수 있으며 그러한 비교를 하는 데 필요한 수준의 상세함을 제공하지 않을 수 있다. 그러한 경우라면, 그 기준에서 무엇이 기대되는지에 대해 정확히 결정하기 위해 학교지역구 혹은 주로부터 소개된 외부 교육과정 전문가에게 상의할 필요가 있을 수 있다.

또한 주의 평가에도 매우 익숙해져야 한다. 이러한 검토 결과는 어떠한 기술들이 특정 학년 수준들에서 다루어지는가에 대한 더 나은 이해를 가능하게 한다. 여러분은 현재 가르치는 학년(들)에만 초점을 둘 수 없고 전 학년 및 다음 학년에서 다루어야 할 것을 알아야 한다. 이러한 모든 분석 후에, 교수에서 무시되었던 영역들뿐 아니라 기준들에 반영되지 않은 것을 가르친 것들에 대해서도 알아낼 수 있다. 이러한 것은 무엇을 어떻게 가르치는가에서의 변화를 의미할 수도 있다. 그것은 어떤 내용의 삭제를 의미할 수도 있고, 혹은 기준들을 구체적 교수적 단원들 혹은 수업들에 협응시킬 방법들을 찾는 것을 의미할 수도 있다.

또한 교과서들, 읽기 시리즈 및 다른 교육과정 교재들을 검토하는 것을 잊어서는 안 된다. 때때로 교과서들은 특정 기준들과 맞지 않을 수 있거나 어떤 기술들을 강조하지 않을 수도 있다. 주의 기준들의 목표를 지원하는 교과서 및 다른 교재들을 사용하고 있는지 확실히 할 필요가 있다.

기준들이 교수안으로 어떻게 반영되는가에 대해 교사의 더 나은 이해를 돕는 데 특별히 유용할 수 있는 하나의 전략은 학생들의 작업을 점검하는 것이다. 교사들이 무엇이 기대되는가에 대해 이해를 한 후에, 학생들의 쓰기 과제 혹은 다른 과제들 안에서 기준들의 증거를 공동적으로 판별하고 논의할 수 있다. 또한 학생들에게 설명하도록 요구할 수도 있다. 이것은 교사들로 하여금 특정 기준이 실제에서는 어떤 것인가에 대해 더 깊은 인식을 얻도록 돕는다.

기준들과 장애학생

기준들은 장애학생에게 특별한 영향을 지녔다. 첫째, 기준들이 장애학생들에 대한 더 높은 기대와 더 높은 성취 수준들을 초래한다는 증거들이 증가되고 있다(Mclaughlin et al., in press; Nagle, 2004).

그러나 교사들은 장애학생들이 기준들에 접근하도록 하는 데 수많은 도전에 직면한다. 하나의 도전은 우리가 이 장의 앞부분에서 논의했던 바로서 장애학생들이 배울 필요가 있다고 믿는 기술 모두를 가르칠 시간이 제한되어 있다는 것이다. 주의 기준들하에서 다루어져야 하는 것으로 기대되는 내용의 양으로 인하여 일반학급에서 교수의 속도가 빨라졌다. 그래서 더 많은 시간을 요구하거나 혹은 수업을 다르게 가르쳐야 하는 혹은 기술들을 연습할 기회가 더 주어져야 하는 학생들을 지원할 시간이 더 적어지게 되었다.

기술 결손을 보이는 학생의 경우, 도전은 종종 어떻게 구체적 기술들을 가르치고 어떻게 학생이 그 학년 수준의 교육과정을 따라가도록 할 것인가다. 장애학생이 일종의 한 기준추구 교육과정에서 성공하도록 돕는 것은 교사들이 내용 기준들에 삽입된 핵심 및 필수적 지식을 알고 한 학생이 그 핵심 지식에 대해 어느 정도 수준에서 수행하는지를 어떻게 평가할 것인지를 아는 것을 요구한다. 앞으로 제시되는 다른 장들에서 여러분은 이러한 것들을 어떻게 할 것인가를 배우게 될 것이다. 그러나 여러분이 한 학생에게 집중을 시작하기 전에 책무성에 대한 강조와 제휴되는 주의 기준들이 어떻게 우리가 생각하는 특수교육을 변화시키고 있는지에 대한 큰 그림에 대해 마지막으로 살펴보자.

특수교육을 생각하는 새로운 한 방안

특수교육의 기초는 각 학생이(서비스 받기에 적격한) "무상의 적합한 공교육"(free and appropriate public education: FAPE)을 받도록 보장하는 데 있다. 개개인의 학생에게 적합한 교육이란 부모와 전문가의 다학문적 팀에 의해서 결정될 것이다. 이러한 결정들은 학생이 교육적 목표를 달성할 수 있도록 IEP 내에 연간 교육 목표와 그 외 관련서비스로 구체적으로 명시되어야 한다.

IEP를 개발하고 특수교육을 고안하는 전통적인 모델에서는 장애학생을 광범위한 일반교육과정의 목표들과는 분리되는 대상으로 바라보았다. 아동들에게 검사가 실시되었고; 학습의 강점들과 약점들이 판별되었으며; 개별적인 목표와 목적 및 전략들은 그 결손에 맞추어서 고안되었다. 교육적 평가들은 광범위한 일반교육과정으로부터 고립되어 전형적으로 행해졌으며 낱낱의 기술 결손에 집중을 하였다. IEP는 종종 분리된 교수(isolated instruction)에 이르게 하는 분리된 기술 목적들의 한 집합체가 되었다(Shriner & DeStefano, 2003). 한 학생의 프로그램은 개별화되었을 수 있으나 그것은 연간 목표에 기초하였고, 결과적으로 한 교육과정의 범위와 위계(scope and sequence)와는 분리되었을 수 있다. IEP는 종종 한 학생의 교육과정이 되어 버린다.

기준추구 개혁 모델 안에서 특수교육은 학생들이 일반교육과정에 접근할 수 있도록 하는 일련의 서비스와 지원으로 진화되고 있으며, IEP는 일반교육과정을 한 학생을 위해 어떻게 실행할 수 있는지를 구체화하는 도구가 된다.

특수교육의 새로운 모델이 [그림 1-5]에 나타나 있다.

[그림 1-5] 특수교육과 일반교육과정

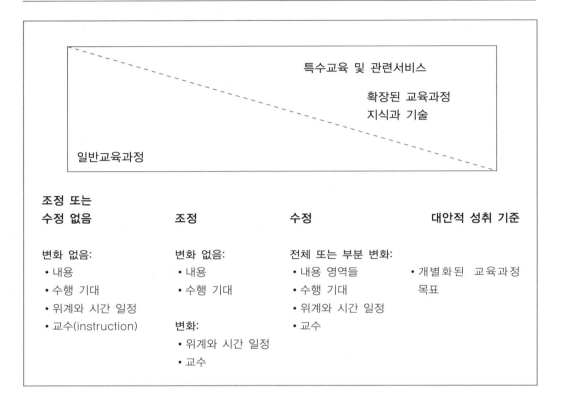

조정 또는 수정 없음	조정	수정	대안적 성취 기준
변화 없음: • 내용 • 수행 기대 • 위계와 시간 일정 • 교수(instruction)	변화 없음: • 내용 • 수행 기대 변화: • 위계와 시간 일정 • 교수	전체 또는 부분 변화: • 내용 영역들 • 수행 기대 • 위계와 시간 일정 • 교수	• 개별화된 교육과정 목표

이 모델에서 한 학생의 IEP는 기준을 반영하는 일반교육과정 안에서 학생이 기능하는 수준(예: 구체적인 교과목에서 한 학생의 지식 기술, 및 과정들의 수준)을 명시하는 평가에 기초하고 있다. 특수교육 교수의 목표들뿐 아니라 학생이 일반교육과정에 접근하고 진보하는 것을 돕는 데 요구되는 조정 (accommodations)과 서비스 및 지원이 구체화된다. IEP는 특수교육이 특정 교육과정 영역들 혹은 일반교육과정에서 다루어지지 않는 기술 영역들에서 교수를 제공함으로써 일반교육과정을 어떻게 보충할 것인가를 다루어야 한다. IEP에 대한 결정은 개별화되지만 학생들이 일반교육과정에서 배워야 한다는 기대에서 출발한다. 그리고 특수교육의 역할은

학생이 일반교육과정에서 학습하고 진보하는 것을 돕는 것이다. 우리는 6장에서 IEP에 대해 더 많은 정보를 제공할 것이다.

특수교사 및 일반교사의 도전

모든 교사는 장애학생과 함께 기준들, 평가들 및 책무성 개혁을 실행할 때에 수많은 도전에 직면한다. 이러한 도전들 중 가장 심각한 도전은 어떻게 각각의 학생을 기준들에서 구체화된 중요한 지식과 기술들에 접근하게 할 것인가다. 학교들이나 학생들을 위한 기대는 그 어떤 때보다 높다. 만약 학생들이 일반교육과정에 의미 있는 접근성을 가지지 못한다면, 그들이 주 평가 및 지역 평가들에서 유능할 것으로 기대될 수 없다. 이러한 평가들에서의 저조한 수행은 학교들에 후속 결과들을 가져올 수 있다. 더 있을 수 있는 일은 학생들에 대한 후속 결과가 역시 가중되고 있다는 것이다. 일반교육과정에서 잘하지 못하는 학생들은 다음 학년으로 진급되지 않을 수 있으며, 고등학교 졸업증서(diploma)를 받지 못할 수 있다.

일반교육과정으로의 접근성은 IEP의 기본적인 것이 되어야만 하고, 제공될 특수교육과 관련서비스를 정의한다. IEP에 대한 이러한 변화는 특수교육 교수와 학교에서 특수교육을 조직하는 것에서 변화를 요구할 것이다. 접근성을 제공한다는 것은 특수교사들에게 더 많은 것을 요구할 것이다.

사려 깊지 못한 신속한 해결과 단순한 접근들은 이미 시행해 보았으나 거부되었다. 일반교육과정에 접근성을 제공한다는 것은 특수교육과 개인 장애학생 양쪽에 대해 새롭게 사고하는 것을 요구할 것이다. 모든 학생이 일반교육과정에 접근성을 가지는 것을 확실히 하는 교수(teaching)는 교과목 내용에 대한 지식, 학습에 포함된 과정들 및 교수를 고안하기 위한 전략들을 가지는 것을 내포할 것이다. 일반교육과정으로의 접근성을 확실히 하는 교수는 교수와 학습 과정에 있어서 이 세 가지 영역의 분리된 효과와 병합된 효과에 대한 통합된 이해를 요구한다.

이 책은 모든 학생이 일반교육과정에 의미 있는 접근성을 가지는 것을 확실히 하기 위하여 이 세 가지 영역의 지식을 여러분이 통합하는 것을 돕도록 고안된다. 2장에서는 교육과정에 대해 학습할 것이다. 일반교육과정이 진실로 어떤 것인지 그리고 그것은 한 학급에서 매일 일어나는 일에 어떻게 영향을 미치는지에 대해 알아볼 것이다. 3장에서는 인간의 학습에 대한 최근 연구와 효과적인 교수를 고안하기 위해서 이러한 연구들의 함축성에 대해 논의할 것이다. 학습에 대한 새로운 아이디어는 학교 개혁 운동의 많은 부분에 기초가 되며, 학교교육의 모든 측면에 중대한 영향력을 가지기 시작한다. 우리는 이러한 연구의 교수적 함축성을 논의할 것이며, 학생의 학습에 잘 맞는 교수적 디자인을 고안하기 위한 근거를 제공할 것이다. 4장에서는 한 학생이 일반교육과정에서 성공하는 시점뿐 아니라 그들의 진보를 어떻게 모니터하는가를 알 수 있도록 돕는 평가 전략들에 대해 논의할 것이다. 5장에서는 모든 학생에게 접근 가능한 교수를 어떻게 계획하는가에 대해 논의할 것이다. 그리고 일반교육과정으로의 접근성을 창출하는 지원의 연속체(continuum of supports)를 묘사할 것이다. 6장에서는 일반교육과정으로의 접근성을 제공하는 IEP를 개발하기 위한 전략들을 제공할 것이다. 끝으로, 부록에서는 이 책에서 우리가 논의한 쟁점들에 대한 추가 정보를 원하는 교사와 행정가들을 위한 자원의 목록을 제공할 것이다.

여러분이 앞으로 알게 되겠지만, 일반교육과정을 모든 학생에게 접근 가능하도록 하는 도전은 새로운 사고방식과 문제 해결을 요구한다. 이 책은 "어떻게"(how-to)의 책이 아니다. 이 책은 "생각하는 방법"(how to think)

의 책이다. 우리는 이 책이 여러분 학교에서 대화와 행동을 자극해서 여러분이 학생들 모두에게 효과적인 새로운 방식들을 찾아가는 것이 가능하기를 희망한다.

2

교육과정의 성격

제2장 교육과정의 성격

교육과정은 기준중심 개혁(standard-based reform)의 핵심이다. 왜냐하면 학생들은 교육과정을 통해서 의도된 내용을 배우고 기준을 성취하기 위한 기회를 제공받기 때문이다. 교육과정의 정확한 의미에 대해서는 놀랍게도 교육자들 사이에 동의가 거의 실재하지 않는다. 예를 들면, 20세기 동안 1,100권이 넘는 교육과정 책들이 저술되었다. 그리고 그 많은 책은 각각 다양한 의미로 교육과정을 정의하여 왔다. 교육과정은 학교교육에서 "무엇을" "어떻게" 가르칠 것인가에 해당된다. 전통적으로 교육과정은 몇 년 동안 지속되는 어떠한 교육적 프로그램을 지칭하는데, 단과대학과 대학 프로그램 혹은 공립학교에서 가르치는 교과목들을 말한다. 공립학교의 교사들은 교육과정의 의미를 종종 단지 교과서와 같은, 교실에서 사용되는 학습 자료와 관련된 것으로만 의미를 축소시킨다. 반면 교육과정 이론가들은 종종 동일한 용어를 학생들이 학교의 지도 아래에서 가지게 되는 광범위한 경험으로 보다 넓게 사용한다. 교육과정에 대한 다양한 해석은 모두 오늘날 학교에서 발견되며, 때때로 그 용어에 대한 정확한 해석은 오직 그것이 사용되는 맥락에서 얻어질 수 있다.

이 장에서 우리는 일반교육과정에 특별한 관심을 가지고, 공립학교 K-12 교육과정의 특성들을 살펴볼 것이다. 교육과정은 복잡하고 많은

측면을 가지고 있다. 일반교육과정에 접근한다는 것의 의미를 잘 이해
하기 위해 교육과정이 어떻게 작동하는지에 대해 이해할 필요가 있다.

교육과정의 다양한 유형

교육과정에 대해 첫 번째로 이해할 것은 그것을 어떠한 관점에서
바라볼 것인가에 따라서 다양한 의미를 지닐 수 있다는 것이다. 종종 이
러한 다양한 의미는 교육과정의 **유형**들로 지칭된다. 우리가 여기서 하
는 논의에 가장 적절한 교육과정의 세 가지 유형은 **의도된**(intended)
교육과정, **교수된**(taught) 교육과정 및 **학습된**(learned) 교육과정이다
(Cuban, 1993).

의도된 교육과정

의도된 교육과정은 공식적인 혹은 채택된 교육과정으로, 자주 주 혹
은 지역 정책에 포함된 것이다. 이것은 학생들이 그들 학교 경험의 결과
로서 학습할 것으로 기대되는 내용이다. 의도된 교육과정은 일반적으로
그 시대에 만연한 교육적 이론과 사회적 가치를 반영하는 공식적인 형
태, 서면으로 문서화된 형태를 지닌다. 미국의 많은 지역에서 현재 사용
되고 있는 다양한 교육과정 틀(curriculum frameworks)이 의도된 교육과
정의 가장 주요한 예다. 대부분 주의 교육과정 틀은 교과목 내용 영역들
에 대한 광범위한 묘사를 포함하며, 학생들이 특정 학년 수준에서 충족
할 것으로 기대되는 벤치마크(benchmarks)와 목적(objectives)을 자주 구
체화한다. 이러한 교육과정들을 만드는 정책입안자나 나아가 그들이 대
표하는 대중들은 이러한 교육과정 틀이 지역 학교에서 전달되는 교수

의 기초가 되도록 의도된다는 것을 의심하지 않는다. 실제로, 많은 주와 지역 평가 및 학교책무성 측정은 의도된 교육과정에 포함된 목표들 (goals) 및 벤치마크와 직접적으로 연계되어 있다.

주의 교육부는 특정 내용 기준들에 연관된 교육과정 틀뿐 아니라, 일상적으로 학생들이 무슨 교과목을 반드시 수강하여야 하는지를 구체화한다. 이러한 것은 특별히 중학교와 고등학교 수준에서 의도된 교육과정이 졸업 필수 학점의 형태를 구체화할 때 적용된다.

때때로, 전문가 혹은 자격을 주는 기관에 의해서 만들어진 기준들은 하나의 의도된 교육과정을 구성한다. 예를 들면, 국제적인 고등학교 학위(International Baccalaureate High School Diploma)를 제공하는 학교들은 매우 상세한 교육과정을 따른다(Laurent-Brennan, 1998). 지역 수준에서 개발되는 의도된 교육과정일 경우는 좁게 정의될 수 있으며, 건강 혹은 체육과 같은 보충 교과목을 포함할 수 있다.

특수교육을 제공받는 특정 학생을 위해 개발한 개별화교육프로그램(IEP)이 목표들과 목적들을 구체화함에도 불구하고, IEP가 그 학생을 위한 의도된 교육과정은 아니다. 오히려 IEP는 의도된 교육과정이 그 학생을 위해 더욱 즉각적이고 구체적이 되도록 만드는 하나의 계획이다. 한 학생의 IEP에 나오는 목표들과 목적들은 의도된 교육과정을 보충할 뿐 아니라 지원해야 하는 것이며, 그것을 대체하는 것은 아니다.

교수된 교육과정

교수된 교육과정은 의도된 교육과정의 작동된 결과다. 교수된 교육과정은 교실 혹은 다른 교수적 환경들에서 실제로 발생한 분 단위, 일일 및 주 단위 사건들을 포함한다. 그러나 교수된 교육과정은 수업들 혹은 활동들 이상의 것이다. 그것은 질문 혹은 강의와 같은 교수적 행동과 교수를 위해 할애한 시간, 집단화 형태(grouping arrangement), 교실 규칙 및 교수 자료와 같은 다른 교수적 변인들을 포함한다. 또한 교수된 교육과정은 우연적 언급 혹은 대화뿐 아니라 의도된 교육과정에 적절한 교사의 믿음과 태도와 같은 교수의 덜 형식적인 측면들을 포함한다. 때때로 〈Box 2. 1〉이 예시하는 상황과 같이, 비형식적 · 비계획적 사건들은 학생들에게 가장 중요한 것일 수 있다.

Box 2. 1 페인터 교사가 나일강에 대해 가르치다

가끔 교수된 교육과정은 의도하지 않은 부작용을 가지고 있다.

페인터 교사(Mr. Painter)의 중학교 수업은 세계지리 수업에서 이집트를 다루고 있다. 교수는 학생들이 차례대로 교과서를 라운드-로빈 양식(round-robin style)으로 큰 소리로 읽는 것으로 이루어졌다. 한 학생이 큰 소리로 읽는 동안, 나머지 학생들은 자신의 책으로 따라서 한다. 어쩌다 한 번씩 페인터 교사는 활동이 학생들에게 좀 더 흥미를 가질 수 있도록 읽는 것에 대해 코멘트를 한다. "이집트에서 가장 긴 강은 나일강이다."라는 사실을 제시하는 한 문단 후에, 교사는 다음과 같이 언급한다.

"고마워요, 맨디(Mandy). 여러분, 만약 여러분이 이집트에 간다면 나일강에 손을 담그지 마세요. 왜냐하면 거기에 사는 작은 달팽이는 여러분 피부에 들어가 아주 아프게 할 수 있기 때문이지요. 이 병은 주혈흡충증이에요. 주혈흡충증은 나쁜 질병이지요. 그 병에 걸리면 안 되겠죠. 좋아요. 필립(Phillip), 이제는 네가 읽을 차례로구나."

그러고 나서 필립은 교과서의 다음 문단을 읽는다. 이 수업의 학생들은 다음 3일 동안 이집트에 대해 계속 공부한다. 그동안에 그들은 피라미드와 미라에 대해서 읽었고, 지도에서 보았으며, 북부 아프리카의 기후에 대한 학습지 세트를 완결하였고, 수에즈 운하에 대한 다큐멘터

(계속)

Box 2. 1 페인터 교사가 나일강에 대해 가르치다 (계속)

리도 보았다. 그 3일 동안 주혈흡충증이 언급되었거나 심지어 다시금 넌지시 비춰진 적도 없었다. 나일강 수업 후 4일째 되는 날에 학생들에게 그들이 이집트와 북부 아프리카에 대해 배웠던 것들 중 가장 중요한 것들에 대해 간단한 에세이를 작성하도록 하였다.

학급에서 25명의 학생 중 22명이 주혈흡충증에 대해 언급했거나 혹은 나일강에 살고 있으며 질병을 일으키는 달팽이에 대한 어떤 언급을 하였다. 8명의 학생들은 그 주 동안 다루었던 다른 모든 주제에 대한 것은 제외하고, 에세이에서 오직 주혈흡충증에 대해서만 논의했다. 학생들 중 단지 2명만이 피라미드에 대해서 언급했고 수에즈 운하는 아무도 언급하지 않았다. 학생들에게 이집트에 대한 수업이 4일에 걸쳐서 거의 5시간 동안 할애되었지만, 그들이 중요하다고 생각하여 가장 많이 기억해 낸 것은 선생님이 지나가는 말로 10초 이야기했던 것이었다.

또한 교수된 교육과정은 교과서, 학습지 및 학생들이 상호작용하는 전자 매체와 같은 교육과정 자료를 포함한다. 많은 교사가 교과서와 같은 교육과정 자료를 "교육과정"으로 간주하고 있지만, 이것은 부적절한 명칭이다. 자료들이 얼마나 잘 조직화되었든, 얼마나 상세하든, 그것이 한 교육과정을 구성하지는 않는다. 교육과정 자료는 교실에서 일어나는 교수에 강력한 영향력을 발휘한다. 그러나 교사가 교육과정 자료를 사용하는 데 있어서는 상당한 차이가 있다(Stodolsky, 1989). 교육과정 자료, 특별히 교과서는 교사들이 읽기나 쓰기와 같은 영역들에서 어떤 주제들 혹은 활동들을 선택하는가에 영향을 미친다(Freeman & Porter, 1989). 그러나 교과서가 교수된 교육과정의 대체(a proxy)는 아니다. 주제들이 어떻게 다루어지고, 한 주제에 얼마의 시간이 할애되고, 사용되는 활동과 수업의 종류, 학생들이 교수된 정보를 어떻게 사용할 것으로

요청되는지와 같은 변인들에서 교사들은 광범위한 운용의 폭을 보인다.

역사적으로, 특수교육을 제공받는 많은 아동의 경우에 IEP는 교수된 교육과정이 된다. 다시 말해, 한 특정 교과목 영역 안에서의 전체 교육적 프로그램 혹은 프로그램은 그들의 IEP에 포함된 구체적인 목표와 목적들로 구성된다(Pugach & Warger, 1993). 이것은 교과서와 같은 효과를 지니는데, 이런 학생들에게 있어서 교육과정을 대단히 편협하게 하는 것이다. IEP가 교수된 교육과정이 될 때, 목표들은 근시안적이거나 분파적일 경향이 있으며, 더 큰 혹은 더 장기적인 성과들과 거의 연계되지 않을 수 있다.

학습된 교육과정

학습된 교육과정은 학생들이 교실에 실재하면서 의도된 교육과정과 교수된 교육과정과 상호작용한 결과로서 실제로 학습하는 것을 의미한다. 학습된 교육과정은 학교 학습과 일반적으로 연관된 기술과 지식뿐 아니라 의도된 교육과정 혹은 교수된 교육과정들의 부분이 되거나 혹은 되지 못하는 광범위한 다른 정보를 포함한다. 예를 들면, 수학에 대한 부정적 태도는 그러한 태도를 모델로 보여 주는 한 교사로부터 배운다. 혹은 학교에서 반복적인 실패를 경험하는 학생들은 "무기력"을 배울 수 있다.

교사들의 문제는 학생들이 학습한 것이 그들이 교수하거나 학생들이 학습하기를 의도한 것이 아닐 수 있다는 것이다. 대부분의 시간, 대부분의 학생은 교사가 학생들이 학습할 것으로 기대하는 것을 학습한다. 그러나 어떤 학생들의 경우는 학습된 교육과정이 부정확한 것, 왜곡되고 불완전한 정보를 포함하기도 한다. 학생들이 실제 무엇을 학습하였는가를 알 수 있는 유일한 방법은 그것을 시범 보이라고 요청하는 것이다. 불행하게도, 학생들이 무엇

을 학습하는가에 대한 추론은 평가 절차만큼만 정확하며, 많은 교실 검사 절
차들은 학습된 교육과정에 대해 매우 미약한 정보를 제공한다. 수행 과제나
포트폴리오와 같은 대안적 평가(alternate assessments)의 목적 중 하나는 학
생들이 학습한 것을 완전히 시범해 보일 수 있는 맥락적으로 더욱 적절한 상
황들을 창출하는 것이다.

교육과정의 핵심 요소

여러분이 참조하는 교육과정이 어느 유형(의도된, 교수된 혹은 학
습된)인지에 대해 분명히 하는 것이 중요하다. 교육과정의 다른 측면들
이 고려하는 맥락에 따라서 중요할 수도 있고 덜 중요할 수도 있다. 그
러나 우리가 논의한 세 가지 유형 모두에 걸치는 교육과정의 상호 관련
된 세 가지 측면이 있다. 이러한 측면들은 여러분이 교육과정에 대해 내
리는 대부분의 결정들의 기초가 된다:

1. **교육과정은 목적을 지닌다.** 교육과정은 계획된 것이며 바람직한
   성과들에 연계된다. 이러한 성과들은 광범위하게 정의되거나(예:
   효과적인 시민을 육성함), 매우 구체적일 수 있다(예: 3학년 학생
   들에게 필기체를 교수함).

2. **교육과정은 영역을 지닌다.** 영역(domain)은 특정한 지식 혹은 기
   술 영역과 관련된 정보의 집합이다. 영역의 구체화는 교육과정의
   경계를 정의한다.

3. **교육과정은 시간을 포함한다.** 교육과정이 시간에 영향을 받는 두

가지 방법이 있는데, 다양한 주제와 활동에 할당된 시간, 정보가 교수되고 학습되는 위계(sequence)가 그것이다.

교육과정의 목적은 무엇인가?

교육과정은 단순히 교실 혹은 학교에서 일어나는 사건이나 활동 혹은 수업의 흐름이 아니다. 오히려 교육과정은 학년들에 걸쳐서 일어나는 계획들과 활동들의 상호 연관된 집합이며 거의 항상 학생의 학습에 관련된 판별 가능한 성과를 초래하도록 의도된 것이다(Marsh & Wills, 1995). 때때로 이 **성과들**(혹은 목표들)은 주 혹은 학교지역구 틀에 제시된 내용과 수행 기준의 경우에서처럼 명시적으로 진술된다. 다른 경우, 교육과정 목표들은 교사의 자료 선택 혹은 교수적 시간의 할당에 의해서 단지 암시적으로 나타내진다.

교육과정이 개별 학생뿐 아니라 그 학생이 살고 있는 더 큰 사회에 유익을 주도록 의도되었다는 것을 기억하는 것이 중요하다. 예를 들면, 사회 교과는 20세기 초반에 교육이 산업화 도시들에 도착한 지방, 농촌 및 이민 온 가정들의 많은 수의 아동을 포함하여 급증하는 인구의 동화를 촉진하도록 의도된 하나의 구별되는 내용 영역으로서 도입되었다. 학교는 미국 노동력의 생산적인 구성원들로서 위상을 갖는 효율적인 시민을 준비시켜야 했다. 유사하게, 과학과 수학 교육과정은 냉전과 계속되는 우주 경쟁에서 미국이 소련에 뒤졌다고 여겨졌던 1950년대와 1960년대에 빈번하게 점검되며 개혁되었다. 오늘날 기준중심 학교 개혁은 분명히 21세기 글로벌 경제에 기여할 수 있는 근로자들을 배출함으로써 사회를 위한 유익을 초래해야 한다.

교사들은 교육과정에 대해 매우 특별한 관점을 갖는 경향이 있고,

학급이나 학생들의 맥락에서 교육과정에 대해 생각하는 경향이 있다. 교사들은 처음에는 오늘, 이번 주, 올해 가르칠 것이 무엇이고 어떻게 가르칠 것인가를 고려하는데, 이런 보다 가까운 미래에 대한 관점이 단기 목표와 목적이 된다. 실제로, 특별히 특수교육의 맥락에서 기준 중심의 개혁을 둘러싸고 형성된 긴장의 일부는 교사가 때때로 너무 학업적이거나 인지적인 요구가 될 수 있는 내용과 수행 기준들에서 개별적인 학생들이 얻을 수 있는 유익을 보는 것 혹은 교사들이 가르치는 것에 익숙해진 것과 내용 기준들이나 성취 기준들 사이의 연관성을 보는 것을 어렵게 한다. 이러한 기술들을 교수하는 데 있어 단기적 어려움이 있음에도 이 더 큰 목표들은 생애 전체의 성공에 매우 중요할 수 있다. 교육과정의 가장 중요한 목적의 하나는 단기 목표들에 대한 정보뿐 아니라 장기적 성과들을 제공하는 안내 지침(map)의 역할을 하는 것이다.

교사를 위한 한 지침으로서 교육과정

여정에 대한 계획을 위해 지도를 사용할 때, 항상 마음속에 최종의 목적지를 가지고 있으나 단순히 그것을 A지점부터 B지점까지 직선으로 그릴 수는 없다. 여행할 곳의 특정한 도로의 위치와 얼마나 빨리 여행할 수 있는지 그리고 여행하게 될 전체적인 거리가 얼마나 되는지와 같은 다양한 변인에 대해 고려해야만 한다. 종종 옳은 길로 가고 있는지에 대해 결정하도록 돕는 중간 랜드마크를 확인한다.

개인을 위한 보다 단기간의 목표들과 더 광범위한 교육과정 성과들을 연결시키기 위하여 위와 같은 생각을 할 수 있다. 이런 방법으로 교육과정을 사용하는 데 있어서 교사가 고려해야만 하는 두 가지는 즉각성(immediacy)과 **구체성**(specificity)이다.

즉각성

   즉각성은 교육과정 성과가 일어나도록 기대되는 환경과 시간 틀 (time frame)이다. 즉각적인 환경들은 학생들이 빈번히 생활하는 곳들로, 교실, 운동장 혹은 집과 같은 환경들이다. 보다 덜 즉각적인 환경들은 학생들이 단지 가끔 노출되는 환경들 혹은 내년의 수학 수업, 고등학교 졸업 후 직장에서와 같이 학생이 미래에 수행하도록 기대되는 환경들 이다. 대부분의 지역 혹은 주의 내용 기준(content standards)들은 여러 해에 걸쳐서 일어났던 학습을 반영하도록 의도된다는 것을 기억하는 것이 중요하다. 이러한 기준들은 종종 보다 작은 연간 목적 혹은 기준으 로 나눠지고, 또 종종 평가가 실시될 때 그것들과 상응한다.

   특별한 개인이나 수업을 위해 교육과정 성과나 목적에 대해 생각한 다면, 그 성과가 얼마나 빨리 일어나기를 기대하는지에 대해 고려해야 만 한다. 특수교사들의 경우, 그것은 즉각적인 교실 환경들과 현재 교수 적 단원들이나 수업 지도안뿐 아니라 핵심적인 전환(예: 초등학교에서 중학교로, 중학교에서 고등학교로 그리고 성인기 동안의)이 일어날 때 와 같이 다음 몇 년을 위한 계획을 의미한다. 오늘의 수업들에 적용되는 즉각적이고 단기적인 목표들로부터 학생들이 내용 영역에서 성취하기 를 원하는 장기 목표들에까지 분명한 경로가 있어야 한다.

구체성

   교육과정의 목적은 교실의 교수를 지휘하는 것이다. 몇몇의 교육과 정 목표는 매우 초점이 맞추어져 있다. 예를 들면, 학생들이 "한 자리 수 곱셈"과 같은 특정 기술을 배우도록 요구하는 것이다. 보다 분산된 목 표는 학생들이 "수 감각으로부터 개념들과 절차들을 이해하고 적용하는 것"을 배우는 것이다. 특수교육 IEP 목표들은 아주 구체적인 반면, 대부분 주 차원의 교육과정 틀에서 내용 기준들은 보다 일반적이다. 일반적으로 교육과정 성과가 더욱 구체적일수록 측정할 수 있는 교수 가능한 단계들로 더 쉽게 나뉜다. 그러나 우리가 작은 단계들에만 집중한다면 더 큰 초점과 장기적 계획을 수립하는 능력을 잃을 수 있다. 다른 말로 하면, 나무들 때문에 숲의 관점을 잃지 않도록 하는 것이 중요하다. 많은 주는 그 주의 기준들을 개발함에 있어서 쉽게 교수 가능한 아주 구체적이고 관찰 가능한 목표들과 성과와 더 일반적인 진술의 중간 지대에 도달하고자 하였다. 예를 들면, 캔자스(Kansas) 주는 [그림 2-1]에 나타나듯이 그 주의 과학 기준들(science standards)과 연관된 서술문을 사용한다.

[그림 2-1] 캔자스 주 과학 기준

기준들: (standards)	학생들이 K-12 교육의 과정을 통하여 자연과학에서 알고 이해하고 실행할 수 있어야 하는 것들에 대한 일반적인 진술들. 기준들은 분리된 실체가 아니고 서로 긴밀히 연결된 아이디어들이다. 그래서 그것들은 분리된 실체로서가 아니라 긴밀히 연결된 아이디어들로 가르쳐야 한다. 캔자스 주의 과학 기준들은 K-2, 3-4, 5-8, 9-12학년 수준들로 묶여 있다:

1. 탐구로서의 과학
2. 물리학
3. 생명과학
4. 지구와 우주 과학
5. 과학과 기술
6. 개인과 환경적 관점에서의 과학
7. 과학의 역사와 성격

(계속)

[그림 2-1] 캔자스 주 과학 기준 (계속)

여기에 탐구로서의 과학 기준이 있다:

K-2학년들에서 활동들의 결과로서, 모든 학생은 충실한 탐구(full inquiry)로서의 과학을 경험하여야 한다. 초등학년에서 학생들은 과학적 탐구에 대해 신체적 및 지적 능력을 개발하기 시작한다.

벤치마크들:
(benchmarks)
학생들이 학교교육에 있어서 특정 시점에 알고 실행할 수 있어야 하는 것들에 대한 일반적인 진술들. 벤치마크들은 한 기준을 충족하는 것을 향한 학생들의 진보를 측정하는 데 사용된다. 캔자스 주의 과학 기준들을 위한 벤치마크들은 2, 4, 8 및 10학년을 위해 정의된다.

여기에 탐구로서의 과학 기준을 위한 첫 번째 벤치마크가 있다:

모든 학생은 과학적 탐구를 하기 위해 필요한 능력들을 개발하기 시작할 것이다. 그러나 모든 활동이 이러한 단계들의 모두를 포함하지 않을 것이며, 이 단계들이 따라야 할 어떤 특정 위계가 있지는 않다. 충실한 탐구는 간단한 질문하기, 조사를 완수하기, 질문에 답하기, 그리고 결과를 다른 사람들에게 제시하기를 포함한다.

지표들:
(indicators)
학생들이 한 벤치마크를 충족하기 위해 나타내 보이는 지식 혹은 기술들에 대한 진술들. 지표들은 기준들과 벤치마크들을 이해하는 데 결정적이며 모든 학생에 의해 충족되어야 하는 것들이다. 캔자스 주 과학 기준들의 경우, 각 벤치마크 아래 목록화된 지표들은 우선순위 순서로 목록화되지는 않으며, 그 목록이 모든 것을 포함한 것으로 고려되지 않는다. 지표들과 예들의 목록은 종합적이거나 모든 것을 포함한 것이 아니라 대표적인 것으로 간주되어야 한다.

(계속)

[그림 2-1] 캔자스 주 과학 기준 (계속)

예들:
(examples)

캔자스 주 과학 기준들에서는 예들의 두 가지 종류가 사용된다. 교수적 예는 한 지표에 대한 활동 혹은 아이디어의 구체적 예를 제공한다. 명료화된 예는 지표의 의미나 의도의 도해(illustration)를 제공한다. 지표들 자체와 마찬가지로, 예들은 종합적이거나 모든 것을 포함한 것이 아니라 대표적인 것으로 간주되어야 한다.

여기에는 위에 제시된 벤치마크인 탐구로서의 과학을 위한 지표들과 예들이 있다:

지표: 학생이 물체의 특성들을 판별할 것이다.
예: 학생은 잎, 조개, 물과 공기의 특성들을 진술한다.
지표: 학생은 물체의 집단들을 다양한 특성으로 분류하고 배열할 것이다.
예: 학생은 색깔, 무늬, 크기에 따라 씨들을 분류한다; 그것들이 뜨는지 혹은 가라앉는지에 따라 분류한다; 암석들을 무늬, 색깔과 견고함에 따라 분류한다.

영역을 가지고 있는 교육과정

교육과정은 학교교육의 "무엇"에 해당된다; 그것은 교사가 가르치는 내용이며 학생이 배우는 내용이다. 비록 교육과정과 교수(instruction)가 빈번하게 매일의 실제에서 분리되기 어렵다 하더라도, 교육과정은 교사가 그 내용에 대해 학생을 관리하고 가르치는 데 사용하는 전략들(방법들)과는 분리되는 것이다. 특정 교육과정 내용의 넓이 혹은 폭(소위 범위[scope]라고 불리는)은 교과목 영역(예: 지구과학, 소비자 수학,

작문)의 성격과 그 교육과정의 목적(예: 기초 기술의 교수, 대수학과 같은 지식의 확실한 사용의 교수)에 의해 결정된다.

기술과 지식이 광범위하게 정의되거나 그 목적이 잘못 정의될 때, 범위는 덜 분명할 것이다. 더 좁은 영역들과 잘 정의된 목적들은 일반적으로 교육과정의 범위를 제한할 것이다. 예를 들면, "도덕적 발달 촉진하기"를 의도하는 교육과정의 범위는 상업적인 냉장 기술자를 준비시키도록 의도된 교육과정의 범위보다 더욱 광범위하고 잘 정의되지 않을 수 있다. 범위란 주어진 시간 틀 혹은 학년 수준, 혹은 주어진 학생의 교육적 경력을 통해 교과목 안에서 과목들, 주제들 혹은 활동들의 범위에 대한 수평적 모습이다. 3학년 수학 교육과정은 한 자리와 두 자리 덧셈, 받아 내림이 있는 뺄셈, 한 자리 곱셈, 두 단계 단어들 문제, 비율, 확률 및 측정을 포함하는 주제들의 범위를 나타낸다. 그러나 이 주제들은 3학년 동안 모두 반드시 동일하게 다루어질 필요는 없다. 어떤 것들은 습득 수준까지 교수되는 반면 다른 것들은 단지 소개만 될 수도 있다. 그러나 각각은 3학년 동안 그 어느 시점에 어떠한 방법으로 다루어질 것이다.

영역의 구체화

교육과정을 구성하는 정보는 다양한 형식으로 되어 있다. Bloom(Bloom, Engelhart, Furst, Hill, & Krathwohl, 1956)과 Gagne(1974)에 의해 만들어진 잘 알려진 것들을 포함하여 학교 교육과정들에 정보의 유형들을 묘사하기 위해 오랜 기간들에 걸쳐서 많은 분류 체계들(taxonomies)이 제안되어 왔다. 일반적으로 교육과정의 정보는 사실들, 개념들, 원칙들 및 절차들(procedures)의 형태를 취한다. 이러한 것에 대한 묘사들이 [그림 2-2]에 제시된다.

[그림 2-2] 교육과정에서 발견되는 정보의 유형

사실들은 개개의 실례를 사용하는 이름들, 물체들, 사건들, 장소들 등 사이의 단순한 관계들로 정의된다. 사실의 학습은 자극과 반응 사이의 일관적인 연결을 만드는 것을 포함한다. 이 관계는 예를 들면, "세일럼(Salem)은 오리건 (Oregon)의 수도다."라는 문장처럼 한 물체에 이름을 연상하는 것을 포함하거나 2개 혹은 그 이상의 물체들 혹은 사건들 사이의 관계를 표현하는 것일 수 있다. 사실은 단지 하나의 관계를 설명하는 것이기 때문에 독특한 사건, 물체, 혹은 장소에 대한 설명으로 함께 묶일 수 있다. 세계지리 교과서의 한 장에서 인도를 묘사하는 부분은 "인도의 네 가지 거대함"(큰 강, 큰 바람, 큰 산, 큰 고원)이라는 하위 주제 아래에서 기후와 지형학에 대한 특정 사실들을 묶어서 포함할 수 있다. 그러나 개별적인 사실(예: 강들의 각 이름이나 거대한 고원의 위치)은 특정 이름 혹은 장소로서 교수되고 기억될 필요가 있다. 이러한 관점에서 사실들은 교수하거나 시험 보기가 어렵지는 않을 수 있으나 특별히 학습하기에 어렵다. 왜냐하면 그것들은 반드시 기억되어야만 하고 그들이 묘사하는 특정한 자극-반응 관계 이상으로 설명적인 힘이 거의 없기 때문이다.

개념들은 속성들이나 특성들을 정의하는 하나의 공통적 집합을 공유하는 사건들, 이름들, 날짜들, 물체들, 장소들 등의 묶음이다. 한 개념은 적절한 특성들, 한 이름 및 핵심 속성들을 공유하는 일련의 예 혹은 실례의 한 집합을 정의하는 규칙(rule)을 가진 하나의 범주(category)로서 생각될 수 있다. 이 정의에서 규칙은 개념의 속성들을 조직화하기 위한 기초를 제공하며; 이 속성들은 결국 개념의 예들과 예가 아닌 것들을 구별하기 위한 기준을 제공한다. 이것은 직면할 확률이 있는 모든 우연성(contingency)의 경우를 모두 담아내지는 않는 개념에 대한 고전적 관점일 수도 있으나, 교육과정에 포함된 내용에 대해 생각하기 위한 한 틀을 제공한다. 내용 수업들(content classes)에서 다루는 많은 개념은 조건적 혹은 내재적 특성과 함께 매우 복잡하거나 혹은 다중적 범주들에 속한다.

원칙들은 다른 사실들 혹은 개념들(혹은 더 많은 경우에 개념들) 사이의 인과

(계속)

[그림 2-2] 교육과정에서 발견되는 정보의 유형 (계속)

혹은 공변하는 관계들을 나타낸다. 원칙은 조건-결과(if-then) 혹은 인과 관계를 나타낸다. 이 관계는 명시적으로 진술되지 않을 수 있다. 원칙은 일반적으로 다중 적용들을 포함하는데, 그것은 적절한 개념들 사이의 기본적 관계가 개념들의 실제 모든 예에 걸쳐서 일정한(constant) 경우다. 예를 들면, 수요와 공급의 법칙은 하나의 원칙으로 교수될 수 있다. "공급이 올라갈 때 수요는 내려간다."라는 원칙을 중세 유럽 도시 상황이나, 어린이의 레모네이드, 그리고 1929년 증권시장 붕괴 맥락에서 유사한 적용을 찾아볼 수 있다.

절차들은 과정을 완수하는 데 요구되는 단계들 혹은 국면들을 포함한다. 예를 들면, "과학적 방법" 주제는 7학년 과학 시간에 가설 설정, 실험 구조화, 자료 수집과 결과의 평가라는 일련의 단계들로서 교수될 수 있다. 그러나 절차적 지식은 단계들이 무엇인가를 단순히 아는 것 이상의 것을 포함하는데, 실제 실험에서 그러한 단계들을 어떻게 집행하는가를 아는 것에 초점을 둔다. 절차들은 종종 다음의 형태를 취한다. "만약 A가 일어나면 나는 B를 하고; 만약 C가 일어나면 나는 D를 한다." 이렇게 각각 이전 단계에서 얻어진 결과들에 기초한 일련의 결정에 따라 집행하게 되는 식으로 결정의 고리(a decision chain) 형태로 이루어진 원칙들의 한 집합 형태로 나타난다. 예를 들면, 한 연구 보고서를 작성하는 것은 어디서 정보를 구할 것인가, 어느 정보를 포함시킬 것인가, 정보가 제시되는 순서 등에 대한 일련의 결정을 포함할 수 있다.

교사들이 교육과정에 포함된 정보에 기초하는 구조를 이해하는 것이 결정적인 두 가지 이유가 있다. 첫째, 교사들은 교과목을 학습하는 데 포함되는 인지적 과정들에 가능하면 가장 가깝게 맞는 교수를 고안하여야만 한다. 다음 장에서 이러한 과정들을 조사할 것인데, 학습 과정들은 학습하여야 할 정보의 유형에 많이 의존한다. 예를 들면, 사실들의 상기는 하나의 전략을 적용하는 것보다는 다른 종류의 사고를 포함하는 것이다. 다른 종류의 정보는 다르게 학습되고 기억되기 때문에 그것들은 다르게 가르쳐야만 한다.

그러므로 학생이 교육과정에 포함된 정보를 학습하는 데서 경험하는 성공은 교사들이 그 내용을 학습하는 목적 혹은 목표와 그 내용에 특정 교수적 전략들을 맞출 수 있는 능력에 대단히 많이 의존한다.

교사들에게 교육과정에 포함된 정보의 유형을 이해하는 것이 중요한 두 번째 이유는 학생들이 배우는 정보의 유형이 그들이 할 수 있는 사고의 종류를 결정하기 때문이다. 더 높은 수준의 사고와 문제 해결을 위해서는 더 복잡한 정보일수록 더욱 유용하다. 이러한 것들은 다양한 교수 유형들을 요구한다. 불행하게도 학교에서 학생들이 전통적으로 배워야 했던 것의 많은 부분이 사실들과 단순한 개념들로 주로 구성되어 있다. 그러나 우리가 1장에서 살펴보았듯이 오늘날 학교에 자리 잡은 새로운 기준들과 교육과정의 많은 부분은 더욱 복잡한 학습을 요구한다. 교사들이 직면하는 가장 큰 도전의 하나는 학생들이 사실들과 간단한 개념들을 원칙들과 절차들로 변환하도록 돕는 것이다. 일반교육과정의 영역을 구체화하는 것은 포함된 정보의 유형들(사실들, 개념들, 원칙들, 절차들)을 분류하여 목록화하고, 그 후에는 그 정보를 바람직한 성과들을 성취하기 위한 중요성 순서로 우선순위화하는 과정을 포함한다.

교육과정과 시간

시간에 대한 고려 없이 교육과정을 생각하는 것은 불가능하다. 시간의 두 가지 차원들이 특별한 관심사다. 첫 번째는 교육과정의 다양한 측면에 **교수적 혹은 학습 시간**을 할애하는 것과 관련된다. 두 번째는 긴 시간에 걸친 교육과정의 정보와 활동들을 제시하는 순서와 관련이 있다.

할당된 시간

할당된 시간(allocated time)은 지역구, 학교 혹은 교사가 교수를 위해 제공하는 시간이다(Berliner, 1990). 교수에 할당된 시간은 **참여 시간**(engaged time)과는 구분되어야 한다. 참여 시간은 학생들이 교육적 목표를 지닌 자료 혹은 활동들에 실제로 주의 집중하는 시간이다. 할당된 시간은 참여 시간으로 아마 직접적으로 전환되지는 않을지라도, 학생들이 특정 영역에서 학습을 위해 갖는 기회의 범위에 대한 합리적 지표다. 말할 필요도 없이, 아주 적은 시간이 교수에 할당되어서 교육과정 영역에서 교육받을 기회가 제한된 학생은 그 영역의 도전되는 수행 기준들을 충족하기 어려울 것이다.

할당된 시간은 우리가 학습 문제를 가진 학생들을 고려할 때 추가적 의미를 지닌다. 만약 학생이 특정 교육과정적 목표에 관련된 교수를 단순히 제공받는 것보다는 그 특정 교육과정적 목표를 **달성**하는 것을 기대한다면, 학습이 일어나도록 충분한 시간이 할당되는 것을 확실히 할 필요가 있다. 물론 다른 모든 것이 동일하다면 학습 문제를 가진 학생들은 전형적인 동년배보다는 학습을 위해 더 많은 시간이 필요하다. 학습 문제를 가진 학생의 경우, 학생의 특정 학습 요구를 맞추는 데 불충분한 시간이 할당되었다면 그 학생이 학습하는 데 **적절한** 기회를 가졌다고 말하기 어려울 것이다.

교육과정의 다양한 측면에 할당된 시간은 일반적으로 교수적 우선순위의 한 순서를 반영한다. 지역구, 학교 혹은 교사에게 더 높은 우선순위를 가진 교육과정 영역들에 더 많은 시간이 보통 할당된다. 예를 들면, 초등학교에서는 읽기와 쓰기 교수에 하루의 가장 많은 시간을 할당한다. 왜냐하면 그 수준의 학생들에게는 읽기와 쓰기를 학습하는 것이 가장 중요한 성과로 간주되기 때문이다. 고학년이 되면 기초 기술에서

부터 더 많은 내용 교과 교수로 초점이 바뀌면서 다른 주제에 더 많은 시간이 할당된다.

　교육과정을 우선 순위화하는 것과 연관되는 두 가지 일반적 문제들은 **과부하(overload)**와 **생략(omission)**이다. 교육과정의 범위가 너무 넓을 경우(예: 교육과정 안에 너무 많은 정보를 넣을 경우), 학생들은 그 내용을 습득하기 위한 충분한 시간을 가지지 못한다. 이것을 과부하된 교육과정이라고 부른다. 이러한 문제를 가진 교육과정은 자주 1마일의 범위에 1인치의 깊이를 가진 것으로 묘사된다. 많은 주제가 있으니 깊이가 거의 없거나 교과 내용의 숙달 수준에는 못 미친다. 이것이 미국에서 사용되는 많은 교육과정의 프로그램 문제의 하나다. 모든 사용자에게 모든 것이 되기 위한 시도에서, 교과서들은 종종 주어진 하나의 주제에 대해 너무 많은 정보를 포함한다. 교과의 어느 측면을 다룰지에 대해 사려 깊은 선정에 실패한 교사들은 교육과정의 과부하로 끝날 수 있다. 이 문제로부터 도출된 주요한 딜레마는 학생들이 그 자료들을 학습하는 것을 돕는 데에 유용한 교수적 시간이 부족한 것이다. 교사들은 교과 내용을 간단히 언급하거나 겉만 다루는 것으로 종종 단순화할 수 있다.

　두 번째 문제는 교육과정 생략이다. 한 학년에 유용한 시간의 양은 한정적이고 교사들이 정보의 어떤 것을 포함시키거나 강조하는 것을 매 시간 결정해야 함을 기억하여야 한다. 예를 들면, 6학년 1년의 언어 수업에 걸쳐서 교사가 일반적인 작문 과정을 교수하는 데 비교적 더 많은 교수적 시간을 보내고, 연구 보고서를 쓰는 전략들의 교수에는 비교적 더 적은 시간을 할당하는 것이다. 만약 학생들이 연구 보고서를 작성하는 방법을 배울 기회를 가지지 못한다면, 교육과정에 들어 있는 이 기술의 생략은 보다 기술적인 작문이 요구되는 나중의 시점에 문제가 될 것이다.

교육과정 위계

위계(sequence)는 교육과정이 한 학년 안에서 또는 학년들에 걸쳐서 정보와 활동들을 제시하는 순서를 의미한다. 특정 교육과정이 어떻게 위계화되는가를 아는 것은 교사들이 교육과정 과부하 혹은 교육과정 생략의 문제들을 피하도록 도울 수 있다. 교사들은 교육과정에 무엇이 포함될 것인가에 대해 우선순위를 수립해야만 한다. 교육과정 정보를 위계화하는 데 사용될 수 있는 조직화 전략들이 많이 있다(Armstrong, 1989; Posner & Strike, 1976; Smith & Ragan, 2005). 여기에 일반적으로 사용될 수 있는 위계 전략들이 있다:

주제별 위계(Thematic Sequencing). 주제들은 조직화되어 각각의 주제들에 연관된 기술들과 지식이 함께 교수된다. 예를 들면, 중학교의 일반과학 수업은 전기와 자기(electricity and magnetism), 판구조이론(plate tectonics), 생태학(ecology) 및 인간 체계(human systems)라는 분리된 주제들을 포함할 수 있다. 한 주제에 연관된 정보를 아는 것이 교수될 다음 주제를 더 잘 이해하는 것으로 이끌지는 않는다. 예를 들면, 지진에서 s 파와 p 파가 어떻게 기능하는가를 아는 것은 학생이 호흡기 체계에 대해 학습하는 것에 반드시 유용하지는 않다.

과제 분석적 위계(Task Analytic Sequencing). 이 위계화 전략은 학습자의 이전 지식에 계속해서 축적해 가려고 시도한다. 선수(prerequisite) 정보가 처음 제시되고, 그 후 이 정보는 차후 교수에 기초가 된다. 이 위계화 전략은 부분에서 전체로(part-to-whole) 전략 혹은 상향식(bottom-up) 접근으로 생각될 수 있다. 교육과정 위계화에 대한 이 고전적 과제 분석 접근은 학습에 대한 행동주의적 관점과 연관되며 특수교육뿐 아니라 일반교육 내용에서 광범위하고 다양하게 적용된 것을 알 수 있다. 예를 들면, 수학에서 학생들은 단순한 덧셈과 뺄셈을 먼저 배우고, 그 후 두 단계 문장제 문제를 해결하기 위해 이 정보를 사용한다.

필요한 때의 위계(Just-in-Time Sequencing). 주제들은 학생들이 그것들을 필요로 하는 순서에 의거해서 교수된다. 머지않아 곧 필요하게 될 정보는 처음에 교수된다. 나중에 필요하게 될 정보는 학습자가 그것을 사용하는 "바로 그 시간에" 교수된다. 예를 들면, 학생들은 초보 읽기 교육과정에서 높은 빈도의 단어들의 작은 집합을 해독하거나 눈으로 읽는 것을 일찍 학습한다. 나중에는 덜 자주 접하게 되는 단어들은 학생들이 읽기 자료에서 직면할 때 학습한다.

전체에서 부분으로 위계(Whole-to-Part Sequencing). 이 위계화 전략은 일반적인 정보를 먼저 제시하고 더욱 구체적인 정보를 그 후에 소개한다. 이 전략은 앞에 묘사된 과제 분석적 접근과는 대략 반대다. 예를 들면, 과학 수업에서 학생들은 호흡기와 생식기와 같은 일반적인 생명 체계에 대해 학습하고, 그 후에 식물과 동물 세포의 세부적인 것과 기능들을 학습한다. 수학에서 학생들은 문제에 필요한 구체적인 계산 방법을 배우기 전에 그들이 조작물(manipulatives)을 사용하여 문제를 풀기 위한 자기 자신의 접근을 개발하는 것을 배울 수 있다. 전체에서 부분으로 위계화 전략은 학습에 대한 구성주의적 및 인지적 관점들과 밀접히 연관되어 있다.

시간에 대한 결정

실제로 교육과정과 교수는 보통 일종의 위계화 전략들의 병합을 포함한다. 예를 들면, 초급 읽기를 가르치기 위해 효과적인 교사는 하나의 선수 기술로서 해독 기술(decoding)을 가르치고(과제 분석적 접근), 일견 단어들(sight words)로서 고빈도 단어들을 가르치고(필요한 때 접근), 그리고 학생들이 읽기란 무엇을 포함하는 것인가에 대한 총체적 관점을 획득 가능하도록 문어와 구어 활동의 병합 형태를 적용할 것이다(전체에서 부분으로 접근).

학생들이 알 필요가 있는 시간에 알아야 할 것들을 학습할 적절한 기회를 확실히 갖도록 하기 위해 정보를 어떻게 위계화할 것인가를 결정할 때 교육과정의 단기 및 장기 목표들뿐 아니라 범위를 고려하는 것이 중요하다. 또한 교사들은 학생들을 나중에 불리한 위치에 놓이게 할 교육과정 생략을 반드시 피해야만 한다. 그러나 교사들은 시간과 교육과정에 대해 결정을 할 때에 결정적으로 "준비성"이라는 생각에 빠지지 않는 것이 중요하다. 학습 문제를 가진 많은 학생은 읽기와 계산과 같은 중요한 기본 기술들을 학습할 일관적이고 직접적인 교수와 많은 시도가 요구된다. 이러한 학생들이 기본 준비성 기술들을 학습할 때까지는 다음 단계로 전이하는 것이 준비되지 않은 것으로 생각된다면, 아마 교육과정에 포함된 보다 도전적인 성과들을 향하여 노력하는 기회를 갖지 못할 것이다. 교사들은 "준비(ready)가 기회 없음(never)을 의미하는 것"이라는 딜레마를 피하기 위해서는 위계화 전략들과 함께 교육과정의 단기 및 장기 목표들을 고려해야만 한다.

일반교육과정을 알아가기

교육과정의 성격은 일정한(definitive) 일반교육과정을 판별하는 것이 거의 불가능하다는 점에서 찾을 수 있다. 무엇이 일반교육과정을 구성하는가 하는 점은 교육과정을 보는 관점, 기대되는 성과들 및 그것이 교실에서 실행되는 양식에 의존할 것이다. 그러나 미국장애인교육법 (IDEA)뿐 아니라 기준중심 개혁과 연관된 연방 및 주 정책들에는 분명한 기대가 나타나 있다. 그것은 장애를 가진 학생들이 그들의 비장애 또래들이 제공받는 교육과정에 의미 있는 접근성(meaningful access)을 가져야 한다는 것이다. 동시에 동등한 보호와 적합한 IEP 제공이라는 오래된 전통은 아직도 미국장애인교육법의 핵심이다. 겉으로 보기에 경합되는 이 두 요구는 교사들이 이 장에서 논의된 핵심 교육과정의 요소들에 대한 사려 깊고 종합적인 분석을 수행하도록 요구할 것이다.

목적, 영역 및 시간

이 장에서 우리는 목적, 영역 및 시간이라는 분리된 핵심 요소들에 대해 논의하여 왔다. 그러나 실제에서는 교육과정이 이러한 요소들의 하나의 복잡한 상호작용을 내포한다. 그러므로 일반교육과정을 알아가는 과정은 다차원적인 사고 전략을 요구한다.

일반교육과정을 알아가기 위해 교육과정 요소들의 복잡하고 역동적인 혼합을 분류하는 과정은 "응급환자 분류"(triage) 사고방식을 요구한다. 가장 급한 요구는 첫 번째로 다루어져야만 하고, 그다음으로 두 번째 및 세 번째 교육과정 목표들이 수립된다. 일반교육과정의 목표들은 다른 개인들 혹은 집단들에 따라 달라질 것이다. 특수교육은 일반적으로 개인 학생들의 요구에 관심이 있으나, 한 학생을 위한 계획은 모든 학생을 위해 기대되는 교육과정 성과라는 큰 맥락 안에서 이루어져야만 한다. 6장에서는 교육과정의 더 큰 맥락을 IEP 과정에서 개별 학생의 구체적인 요구들과 연계하는 과정을 논의할 것이다. 여기에서는 모든 학생이 학습할 것이 기대되는 것이 무엇인지를 판별하는 것에 우리의 논의를 한정할 것이다.

현재

시간은 일반교육과정에서 발견되는 광범위한 조직화 구조다. 우리는 계속적으로 움직이는 현재라는 창문을 통하여 교육과정을 앞뒤로 살피며 분석하고, 교육과정 시간이 어떻게 할당될지를 결정한다. 특히 **우리는 무엇을 교수해야 하는가와 어떠한 순서로 가르쳐야 하는가**를 알고자 한다. 바로 여기에 응급환자 분류 접근이 적용될 수 있다. 교육과정에 잠재적으로 포함될 수 있는 모든 정보 중에서 무엇이 과연 가장 중요한가? 유혹적인 상세한 것들과 교육과정 과부하를 인식해야 함을 기억해야 한다. 출판사가 교과서에 소수만 알아듣는 어떠한 정보를 포함시킨 것이 소중한 교육과정 시간을 그것에 할당할 필요가 있다는 것을 의미하는 것은 아니다.

어떠한 특정 학생이나 학생들의 집단의 경우, 무엇을 가르치고 언제 가르치는가에 대한 질문은 이미 학습한 결정적 지식뿐 아니라 미래에 필요할 필수적 지식을 판별하는 것을 요구한다. 물론 이 두 가지 종류의 정보는 서로 연결되어 있으나 이 분석의 시작점은 미래에 놓여 있다.

과거와 미래의 조망

일반교육과정을 알아가는 데 가장 중요한 정보는 의도된 교육과정의 핵심, 기준, 벤치마크 및 지표들에 있는 영구적인 지식을 판별하는 것이다. 이 장 앞에서 논의하였듯이, 기준들은 미래 몇 년 앞에 기초를 두고 있다. 목적들과 벤치마크들은 좀 더 제한된 것들이고 곧 성취될 것들이다. 그러나 교육과정 기준들은 분리되거나 임의의 것이 아니다. 교육과정 기준들은 교과 영역들의 더 큰 맥락 안에 놓인다. 예를 들면, 학생들이 "지구 위의 사람, 장소 및 자원의 공간적 배열을 이해하기 위하여 지도와 표 같은 지리학적 도구들을 사용하기"를 요구하는 기준은 시험에서 지도에서 특정 위치를 찾는 단순한 과제 이상의 타당성을 가진다. 오히려 학생들이 "지리학자처럼 생각하기"를 배우는 것(Harper, 1990), 나아가 궁극적으로는 인구 증가, 위험에 처한 종(species)의 보호, 지구 온난화 혹은 지정학과 같은 쟁점들에 대해 정보에 근거한 의견을 가지도록 배우게 하는 그런 기준이다. 다시 말해서, 일반교육과정은 주에 의해 수립된 지침들의 집합에 포함된 목표들의 한 집합을 단순히 의미하는 것이 아니다. 일반교육과정은 교실 맥락의 한계를 상당히 뛰어넘는 더 큰 지식 영역의 한 의미 있는 샘플을 나타낸다.

의도된 교육과정과 연관된 영구적인 지식은 학문에 대한 깊은 이해를 요구한다. 의도된 교육과정에 연관된 특정 교과목 영역에 대한 피상적 이해만을 가지고 있는 교육자는 이러한 분석을 할 수가 없고 내용 전문가들의 도움을 요청하여야 한다. 한두 가지 영역 이상으로 확장된 전문성을 가질 것으로 기대되는 교사는 거의 없으며, 그래서 교육과정을 알아가는 것은 사려 깊고 지식이 풍부한 교사들 사이에 일종의 협동적 과정을 요구한다.

이 과정의 바람직한 성과는 모든 학생이 교육과정을 배운 결과로 학습할 것으로 기대되는 가장 중요한 지식과 그 지식을 습득하는 데 필요한 근접한 시간 틀(time frame)을 묘사하는 간결한 진술들이다. 이 목록은 모든 것을 다 담아낼 필요는 없지만 모든 학생이 학습할 필요가 있는 가장 영속적이고 핵심적인 지식을 나타내야 한다. 그럼 이 지식은 교육과정 응급환자 분류에서 가장 높은 우선순위가 된다.

그럼에도 여기에서 주의할 것이 있다. 이 과정에 어느 정도의 내용 **전문성**이 요구된다고 말하였음에도 불구하고, 한 명의 내용 **전문가**가 하나의 지식과 기술의 목록을 산출하지 않도록 주의해야 한다. 여러분은 핵심적이고 본질적인 지식에 관심이 있다. 다시 한 번 교육과정 과부하를 피하여야 한다는 것에 주의가 필요하다. 학교에서 역사, 수학, 지리 혹은 과학을 공부하는 누구나 역사가, 수학자, 지리학자 혹은 과학자가 될 필요는 없다. 모든 학생이 사회의 효과적 구성원이 되고 다양한 중등 이후 선택들을 하는 데 필요한 정보에 접근성을 제공하는 것이 목표다. 학문 분야에서 더 수준 높은 단계의 공부는 이러한 다양한 선택 중의 하나일 뿐이다.

모든 학생이 반드시 학습하여야만 하는 영속적 지식이 명료화되었을 때, 아직까지 배우지는 않았지만 미래에 필요할 것이 무엇인지를 결정하기 위해 미래에서부터 현재까지로 후진하며 계획을 세밀히 세우는 것을 시작하는 것이 가능하다. 일반교육과정을 알아가는 데 이 마지막 단계는 현재에 교육과정 시간을 어떻게 할당할 것인가를 결정하기 위하여 이전에 교수된 교육과정뿐 아니라 학습된 교육과정의 평가를 회고하는 것을 수반한다. 이 시점에서 이전에 교수된 교육과정에서 사용되었던 위계화 전략뿐 아니라 학생들을 현재 시점까지 데려온 실제 학습된 교육과정을 고려하는 것이 중요하다.

학생들 집단에 대해 이러한 분석은 서류들, 교육과정 자료들 및 교사 판단에 초점을 맞출 수 있다. 그러나 특수교육 맥락에서는 특정 학생의 이전 지식과 미래 요구에 대해 고려해야 할 것이다.

결론

이 장의 시작에서 교육과정은 기준중심 개혁의 핵심에 있다고 하였다. 교육과정을 통해서 학생들에게 학습할 기회가 제공되기 때문이다. 모든 학생에게 일반교육과정으로의 접근성을 제공하는 방법들에 대해 생각할 때, 여기서 논의한 일반교육과정의 특성들을 기억하는 것이 도움이 될 것이다. 일반교육과정은 학교의 일반적인 학생들에게 통상적으로 사용되는 과목들, 활동들, 수업들 및 자료들의 완전한 범위를 포함한다는 것을 기억해야 한다. 의도된 교육과정이 공식적이거나 혹은 채택된 것이고, 주나 학교지역구 정책에 자주 포함되는 교육과정일지라도, 학습된 교육과정이 실제로 의미 있는 것이다. 이것이 학생들이 교실에 있음으로 해서 그리고 의도된 교수된 교육과정과 상호작용한 결과로서 실제로 학습한 것이다. 교육과정에 무엇을 포함하거나 배제할 것인가에 대한 결정은 교육과정에 기초하는 영역, 시간 및 조직이라는 변인들을 고려하여야만 한다. 그러나 교육과정은 전체 그림의 한 부분일 뿐이다. 또한 일반교육과정으로의 접근성을 확실히 하는 것은 사람들이 학습하는 방법과 교사들이 모든 학생이 전문적인 학습자가 되도록 돕기 위해 사용할 수 있는 전략들에 주의를 기울일 것을 요구한다. 이 점은 다음 장에서 논의할 내용이다.

3

학습과 교수의 연계

제3장 학습과 교수의 연계

교사들의 학습에 대한 관점은 최근에 상당히 많은 변화를 보이고 있다. 학교에서의 초점은 반복적이고 기계적인 연습을 통한 학습에서 교과 내용에 대한 학생의 이해와 적용을 증진시키는 것으로 변화하고 있다. 효과적인 교사는 학생들이 학습하는 방식에 부합하도록 **교육과정**과 **교수** 사이의 결정적인 연결을 잘 할 수 있어야 한다. 그러나 효과적인 교사가 된다는 것은 단순히 내용 간에 포괄적으로 적용될 수 있는 교수 기법이라는 커다란 도구상자를 가지는 것 그 이상을 의미한다. 효과적인 교사는 가르칠 교과 내용에 대한 깊은 이해를 가져야 하고, 사람들이 배우는 방식에 대해 알아야 하며, 아동발달 이론들을 이해하여야 하고, 연구를 통해 검증된 교수 방법들의 레퍼토리를 알고 있어야 하며, 기준중심 교육과정을 효과적으로 사용할 수 있어야 한다. 이러한 모든 변인을 효과적으로 조율하는 교사는 학생에게 정보를 단순히 습득하도록 하는 것이 아니라 정보를 사용할 수 있는 기회를 만들 수 있도록 한다.

학생이 이해한다는 것은 하나의 주제에 대해 다양한 방법과 맥락에서 수행할 수 있음을 의미한다. 교실은 이해하는 것을 기준으로 하는 학습 환경이 되어야 하고 학생들은 일반적으로 설명을 하거나 증거를 제시하고, 사례를 찾고, 일반화하고, 개념을 적용하고, 분석하고, 새로운 방식으로 정보를 설명하여야 한다.

　이 장에서는 모든 학생이 일반교육과정에 접근할 수 있도록 도와주는 학습에 대한 최근 연구 결과의 개관을 제시한다. 또한 학습과 기억에 관계된 핵심적인 과정들을 살펴보고, 이러한 과정을 지원하는 교수를 통해 학생들의 학습을 향상시킨 연구들을 살펴볼 것이다.

학습 관련 연구와 교수를 위한 함의

　학습에서의 새로운 과학은 인간이 학습하고 기억하는 방식에 대한 수많은 다른 연구들을 가능하게 하면서 교육과정과 교수에 대한 연구에도 큰 영향을 미쳐 왔다(Bransford, Brown, & Cocking, 2000). 교사들은 학습에 대한 과학적 연구들이 밝힌 인간의 학습 방식을 실제로 가능하게끔 교실 학습 환경을 설계하여야만 한다. 이러한 교실 학습 환경은 학습자 중심, 지식중심, 평가중심, 지역사회 중심이어야 한다(〈Box 3. 1〉 참조).

Box 3. 1 교실 학습 환경

전미 행동, 사회과학 및 교육 연구협회(National Research Council Commission on Behavioral and Social Sciences and Education)에서는 John D. Bransford, Ann L. Brown과 Rodney R. Cocking(2000)이 편저한 「사람들은 어떻게 학습하는가: 두뇌, 마음, 경험 그리고 학교(How People Learn: Brain, Mind, Experience, and School)」라는 영향력 있는 보고서를 출판했다. 이 보고서는 교사들을 위한 새로운 학습과학 연구의 실행을 요약하

(계속)

Box 3. 1 교실 학습 환경 (계속)

고, 학생의 학습을 최적화할 수 있는 교실 학습 환경의 네 가지 속성을
판별하였다.

1. **학습자 중심** 학습 환경에서 교사는 학생이 지닌 개념적이고 문화
   적인 지식에 대해 알 수 있다. 교사는 특정 문제의 맥락에서 학생
   이 무엇을 생각하는지를 알아내기 위해 학생의 기술, 태도, 신념
   에 대해 세심한 주의를 기울여야만 한다.

2. **지식중심** 학습 환경에서 교사는 가르치는 내용(정보, 교과 내
   용), 가르치는 이유(이해), 그리고 학생이 숙달을 보이도록 기대
   되는 수행방식에 대해서 직접적인 관심을 기울여야만 한다.

3. **평가중심** 학습 환경에서 교사는 학생의 진보를 감독하기 위해 공
   식적 평가를 숙련되게 사용할 수 있어야 한다. 교사는 공식적 평
   가를 통해 학생의 인식과 사고를 알고 그에 따라 교수를 설계한
   다.

4. **지역사회 중심** 학습 환경에서는 외부 세계와 연계되면서 핵심
   학습 가치를 지원하는 교실과 학교가 갖는 기준이 있다. 모든 학
   습은 그것이 일어나는 맥락에 영향을 받음을 인정해야 한다. 교
   실은 학생이 생활하고 기능하는 가정, 회사나 다른 구조의 더 큰
   지역사회와 복잡하게 서로 연관된 학교지역사회 내에 존재하는
   공동체로 간주할 수 있다.

　　이러한 기본적 학습 과정을 강조하는 교수는 특히 학습 문제를 가
진 학생에게 중요하게 여겨진다. 예를 들면, 학습장애를 가진 학생들은
시연이나 계획하기에서 빈약한 학습 전략을 사용하는 경향이 있고 종

종 낮은 기억 기술을 가지고 있다. 그러나 정보의 저장과 회상에 대한 지원이 제공될 때 학습 문제를 가진 학생의 수행이 향상된다는 상당한 증거들이 있다.

학생이 정보의 의미 있는 패턴을 개발하도록 돕기

"초보자"와 "전문가" 사이의 차이는 무엇인가?
어떤 것을 "이해"한다는 것이 실제로 의미하는 것은 무엇인가?
다른 사람들보다 더 우수한 학습자는 어떤 학습자인가?

회상과 이해는 단순히 장시간 연습이나 일련의 사실이나 기술로 이루어진 경험의 산물이 아니다. 오히려, 회상과 이해는 한 학습자가 장기 기억에 있는 정보를 얼마나 잘 의미 있는 패턴으로 형성하는가와 관련이 있다. 한 학습자가 유사한 정보를 가지고 이전에 해 보았던 경험과 기초 지식의 구조는 중요하다. 만약 학생들이 정보를 의미 있는 패턴으로 조직화할 충분한 기반을 가지고 있다면 동일한 주제에 대해 새롭거나 관련된 지식을 인식해 내고 조직화할 가능성은 더 커진다.

어떤 것이 기억으로 저장될 때, 그것은 다양한 정보 형태(사실, 가정, 개념 및 관계)들이 "생각의 마디"(nodes)를 구성하게 되는 네트워크의 일부가 된다. 생각의 마디와 생각의 마디들 간의 연관성을 더 많이 보유한 학습자일수록 사고, 학습, 회상 및 문제 해결에 있어 더 잘 수행할 수 있다. 정보들 사이의 관련성을 지식 네트워크로 잘 연결하지 못하거나 정보를 잘 조직화하지 못하는 학습자들은 학습과 회상 과제에서 어려움을 가질 수 있다. 그러나 학습자의 지식 네트워크가 잘 조직화되고 연결되어 많은 생각의 마디를 가지게 될 때 학습, 회상 및 문제 해결은 더 효과적으로 일어날 수 있다. 초보자와 전문가 사이의 핵심적인 차이는 전문가는 정교하고 잘 조직화된 지식 구조를 갖는다는 것이다.

　　다음을 시도해 보자. "나비"라는 단어를 생각해 보자. 그다음으로 떠오르는 다른 단어는 무엇인가?

　　아마도 "제주왕나비"나 "팔랑나비" 등 나비의 종류를 생각했을 수 있다. 아니면 "유충"이나 "번데기"와 같은 단어들이 떠오르며 나비의 생애 주기에 대해 생각했을 수도 있다. 또는 "날개" "날개무늬" 혹은 "더듬이" 등 나비의 특성을 묘사하는 단어들이 떠올랐을 수도 있다. 아마도 이런 생각들은 동시에 떠오를 것이다.

　　당신이 회상하도록 촉진하는 "나비"라는 단어는 당신이 가진 "나비"에 대한 지식이 연결된 네트워크 중 일부다. 나비에 대한 전문적 지식을 가진 사람은 나비의 생애 주기, 해부학적 구조, 하위 종 및 서식지 등에 대한 상세한 정보를 포함하는 복잡한 네트워크에 접근할 수 있다. 나비에 대한 초보적 지식을 가진 사람은 피상적이거나 구체적이지 않은 정보를 기억할 수 있다. 이 차이는 [그림 3-1]과 [그림 3-2]에서 살펴볼 수 있다.

　　[그림 3-1]은 나비와 나방에 대해 중학교 학생들이 한 단원에 배우게 될 정보의 조직 형태를 보여 준다. 네트워크는 나비와 나방의 속성, 각각의 사례들, "유충기"나 "변태기" 등의 구체적인 어휘에 대한 상당한 배경 정보를 제시한다. 나비와 나방 간에 직접적으로 존재하는 의미 있는 연관성에 의해 위계적으로 조직화되거나 혹은 나비와 나방 간에 직접적으로 존재하지 않는 다른 관련 정보들에 의해 조직화될 수도 있다. 일반적으로 네트워크의 일부 정보는 불완전하기에 이러한 정보의 관계성은 계속 수정된다. 예를 들면, 새와 같은 천적으로부터 자신을 보호하기 위해 나비와 나방이 갖는 날개의 보호색의 관계에 대해 학생들은 명확하게 알지 못할 수 있다. 또한 학생은 나비의 생애 주기의 각기

[그림 3-1] 나비와 나방에 대한 정보의 의미 있는 패턴

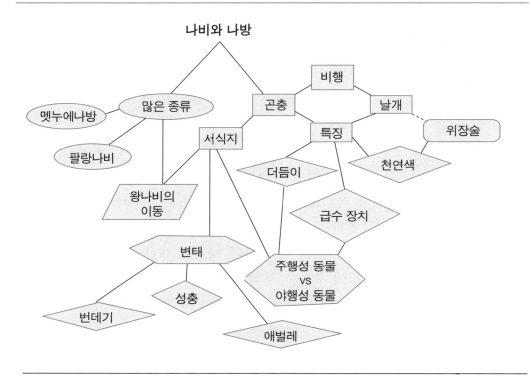

[그림 3-2] 나비와 나방에 대한 정보의 학습 초보자 네트워크

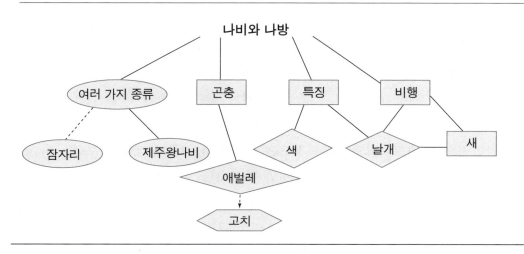

다른 단계에서 일어나는 과정에 대해 잘 모를 수 있다.

[그림 3-2]는 나비와 나방에 대해 단지 최소한의 이해를 가진 학생의 네트워크이거나, 나비에 대한 단원을 공부하지 않은 학생의 네트워크일 수 있다. 정보가 적다는 것은 정보 간의 연결이 적다는 것을 의미한다. 또한 나비와 나방의 범주와 관련된 네트워크 내에 잠자리를 함께 포함시키거나 나비의 생애 주기에 대해 맞지 않는 부정확한 정보를 포함하기도 한다. 이 학생의 정보 네트워크에서 가장 정교하다고 할 수 있는 정보는 비행 속성과 나비와 새의 유사성에 대한 것이다. 그나마 다행인 것은 이 학생이 자신이 형성한 일부 핵심 정보를 통제할 수 있다는 것이다. 예를 들면, 학생은 나비와 나방의 다양한 유형에 대해 알고 각각의 그림을 보며 그 이름을 말할 수 있다. 또한 학생은 나비가 곤충으로 분류됨을 알고 있다. 이는 교사가 학생이 더 정교한 지식 네트워크를 구성하도록 도울 수 있는 선수 지식이 된다.

학생이 정보를 조직화하는 방식의 중요성은 사고와 문제 해결을 하는 과정 동안 명확해진다. [그림 3-1]과 [그림 3-2]로 대표되는 두 학생들이 〈Box 3. 2〉의 문제를 해결하는 사고 과정을 고려해 보자.

〈Box 3. 2〉의 문제 해결을 위해서는 나비와 나방 사이의 차이(더듬이, 신체 유형, 색상, 활동하는 시간대)와 나비와 나방의 생애 주기의 차이(성충이 되어 잎에 구멍을 낼 가능성)에 대한 정보 활용이 요구된다. 나비와 나방에 대한 잘 조직화된 정보를 가진 학생([그림 3-1])은 아마도 지식 구조가 덜 형성된 학생([그림 3-2])에 비해 보다 더 나은 문제 해결 능력과 더 설득력 있는 근거를 제시할 것이다. 일반교육과정에서 모든 학생이 성공적일 수 있도록 돕는 핵심은 학생들이 전문가처럼 사고하도록 가르치는 것이다.

Box 3. 2 곤충 표본을 이용한 문제 해결하기

제나(Jenna)의 가족은 집 주변에 주말농장을 가지고 있다. 제나는 토마토의 잎 가장자리에 구멍이 있음을 발견하였고, 거기에 왜 구멍이 생기는지를 알아내고 싶었다. 제나는 나무 주변에 날아다니거나 기어 다니는 여러 종류의 곤충을 보았고, 이 곤충들이 문제와 일부 관련 있다고 생각했다. 제나는 날아다니는 곤충 중 세 가지 종류를 수집하였고, 지금부터 이 문제를 해결하려고 한다. 개별 표본에 대한 설명은 다음과 같다.

표본 1
오전 11시에 데이지 식물 근처에서 수집

- 날개 폭 6cm; 길이 5cm
- 4개의 날개
- 앞날개와 뒷날개는 서로 붙어 있지 않음
- 날개는 노란색에 까만 점이 있음
- 몸통은 가늘고 매끈하며 옅은 노란색임
- 입은 긴 빨대처럼 생겼음
- 6개의 다리
- 더듬이 한 쌍. 각 더듬이는 까맣고 그 끝에는 작은 혹이 있음

표본 2
오후 9시 30분에 가로등 근처에서 수집

- 날개 폭 4cm; 길이 5cm
- 4개의 날개
- 날개는 회색에 짙은 갈색 줄무늬가 있음
- 앞날개와 뒷날개는 서로 연결되어 있음
- 몸통은 통통하고 솜털로 덮여 있으며 회색임

(계속)

Box 3. 2 곤충 표본을 이용한 문제 해결하기 (계속)

- 입은 짧은 빨대처럼 생겼음
- 6개의 다리
- 더듬이 한 쌍. 더듬이는 붉은 갈색이고 빗처럼 생겼음

표본 3
오후 4시에 토마토 근처에서 수집

- 날개 폭 2cm; 길이 1.5cm
- 4개의 날개
- 날개는 갈색 선이 있음
- 앞날개와 뒷날개는 서로 붙어 있지 않음
- 몸통은 통통하며 솜털로 덮여 있고 까만 줄무늬가 있는 노란색임
- 6개의 다리. 앞다리는 상부가 두껍고 솜털이 있음
- 입은 집게처럼 생겼음
- 더듬이는 매끈하고 곧게 뻗었으며 검정색임

다음은 여러분이 해야 할 것들입니다:

1. 제나가 수집한 자료를 이해하기 위해 나비와 나방에 대해 배운 지식을 활용해 보세요.

2. 여러분은 제나가 수집한 표본 중 하나가 토마토 잎의 구멍을 만들었다고 생각하나요? 짧은 문단으로 그 답을 설명해 보세요.

전문가 만들기

전문가들이 배경 지식과 경험을 더 많이 가지고 있을 뿐 아니라, 그들이 초보자에 비해 가지고 있는 실제적 강점은 장기 기억에서 더 효율적으로 정보를 조직한다는 것이다. 전문가들은 분리된 각각의 정보가 아니라 범주에 따라 정보를 저장하기 때문에 서로 관련된 더 많은 정보의 양을 분석하고 기억할 수 있다. 또한 전문가들은 더 효율적으로 장기기억을 찾을 수 있기 때문에 초보자들보다 정보를 더 빨리 처리할 수 있다.

예를 들면, 문제 해결이 필요할 때 물리학을 처음 접하는 학생들은 공식에 의존하는 반면, 물리학에 능숙한 학생이나 교사는 문제와 관련된 특정 원칙이나 원리에 더 빨리 접근할 수 있다. 마찬가지로 전통적 수업에서 실제 역사가와 비교되는 유능한 고등학생들은 일련의 역사 문제에서 전문 역사가들보다 더 많은 자료를 실제로 기억할 수도 있겠지만, 전문가들은 문제에 대해 생각하는 다양한 접근 방법을 활용함으로써 특정 사건을 정교화하고 설명하는 데에 훨씬 뛰어나다(Wineburg, 1991).

모든 학생은 숙련자들처럼 수행하는 것이 가능하도록 정보의 형태를 개발할 수 있다. 다음에서 우리는 학생들이 일반교육과정에서 전문가들처럼 정보를 배우고 기억하고 활용하게끔 도울 수 있도록 하기 위한 교사 역할에 대해 논의할 것이다.

학생의 기억을 향상시키기 위한 교수

모든 정보는 동일하지 않다. 사람들은 다양한 정보의 유형에 따라 각기 다르게 배우고 기억하며, 교수는 학습되는 정보 유형에 따라 변화되어야 한다. 사실은 기억되어야 하기 때문에 교수는 학생의 기억을 회상하고 연습할 수 있도록 충분한 기회를 제공하여야 한다. 개념은 결정적인 특징과 예시를 강조하는 교수를 필요로 한다. 원칙과 과정은 "조건-결과"(if-then) 관계에 의해 가장 쉽게 가르칠 수 있다. 예를 들면, 나비 변태(알, 모충, 번데기, 유충, 나비)의 각 단계 이름을 순서대로 기억하는 어휘검사가 학생이 발생 단계의 순서대로 기억하는 것을 돕기보다는 차라리 나뭇잎에 붙어 있는 실제 번데기를 찾아본다면 더 효과적일 수 있다. 학생들 스스로 정보를 지식 네트워크에 의미 있는 한 부분으로 연결 짓지 않는다면 사실 자체만으로는 기억되기 어려울 수도 있고 더 빨리 잊힐 수도 있다.

교사는 학생이 학습해야 할 정보의 유형(사실, 개념, 규칙, 절차, 과정, 전략 등) 과 정보의 사용 방법을 명확하게 알고 있을 때, 학생들이 전문가들처럼 배우고 기억하도록 도울 수 있다. 교수 전략의 선택은 학생들이 배워야 할 정보 유형과 일치해야 한다. 교사가 가르치기 원하는 정보의 형식은 교수적 전략의 선택을 결정한다. 각 정보 유형을 가르치기 위한 교수의 핵심 요소는 [그림 3-3]에 요약되어 있다.

또한 장기 기억에서 정보의 구조와 조직화는 학생들이 자신이 가진 지식을 효과적으로 사용하는 방법과 새로운 정보를 습득하는 것에 영향을 준다. 만약 정보가 기억에서 잘 조직화되지 않는다면 지식과 관련된 새로운 정보를 활성화하는 것이 학생에게는 더 어려울 수 있다. 만약 의미가 새로운 정보와 연결되지 않는다면 기억에서 잊히거나 잘못 분류되거나 또는 오해나 실수로 이어질 수도 있다. 예를 들면, 학생이 미국에 대해 서로 관련되지 않는 사실(예: 50개의 주에는 각각 수도가 있고, 독립 이전에는 13개의 영국 식민지가 있었다)을 기억해야 한다고 가정하자. 나중에 미국과 관련된 정부 구조의 새로운 예(예: 콜롬비아, 푸

[그림 3-3] 다양한 정보 유형에 따라 가르쳐야 하는 교수

정보 유형	학습자가 수행해야 할 인지 과제	교수를 위한 함의
사실	• 작동 기억에서 장기 기억으로 정보를 이동한다. • 요구되는 정보를 회상한다. • 이전의 선수 지식과 새로운 정보를 연결한다.	• 정보를 작은 단위로 나누어 가르치기 전에 정보를 조직화한다. • 충분한 연습을 계획한다. • 이후의 교수적 위계를 정교화한다.
개념	• 개념의 범주에 속하는 예들과 속하지 않는 예들을 변별한다. • 이전에 접하지 않았던 새로운 예들을 제시한다.	• 적절한 예와 반례를 선정한다. • 특징적인 성질에 초점을 두어 예시들을 병치한다. • 교수를 위해 모델-인도-연습(model-lead-practice) 형식을 사용한다.
규칙	• 규칙 관계의 다양한 측면을 살펴본다. • 규칙을 통해 결과를 예측한다. • 규칙이 적용되는 상황을 판별한다.	• 규칙을 구성하는 각 요소를 가르친다. • 규칙을 이루는 각 요소 간의 관계를 보여 준다. • 확장된 예들을 이후의 교수적 위계에 포함시킨다.
전략	• 전략의 구성 요소를 회상한다. • 전략이 유용한 상황을 인식한다. • 필요한 때에 전략을 사용한다. • 자기 감독을 통해 전략 사용을 평가한다.	• 전략의 각 구성 요소를 가르친다. • 전략을 시범 보이고 학습자가 사용하도록 유도한다. • 전략이 유용한 상황을 보여 준다.

에르토리코, 괌)들이 제시될 때, 학생들은 미국 주에 대한 자신의 이전 기억 목록에 없기 때문에 새로운 예시들이 분리된 국가라고 잘못된 개념을 가질 수도 있다.

정보가 서로 연관된 유의미한 맥락에서 제시될 때 학습과 기억은 더 쉬워진다. 학생이 배워야 하는 이유에 대해 교사가 충분히 잘 생각할 때, 교사는 학생들이 정보를 잘 조직화된 형태로 개발하도록 도울 수 있다. 그러나 교사가 생각과 계획을 할 수 있는 충분한 시간을 갖는 것은

중요하다. 여기에 학생을 위한 교수를 계획할 때 교사가 스스로에게 질문할 수 있는 예시들이 있다:

- 학생이 배워야 하는 정보의 유형은 무엇인가?
- 왜 학생이 이 정보를 기억하기를 바라는가?
- 이 정보가 학생이 이미 알고 있는 다른 정보와 어떻게 연결되어 있는가?
- 이 정보가 미래에 학생이 배워야 할 학습 내용과는 어떻게 연결되어 있는가?
- 학생은 이 정보를 어떻게 사용할 것인가?
- 학생은 이 정보를 언제 사용할 것인가?
- 학생이 이 정보를 배우는 가장 효과적인 방법은 무엇인가?

학생이 학습할 과제에 집중하도록 돕기

환경으로부터 하나의 정보가 특정 감각으로부터 탐지될 때, 정보는 분석되기 전까지 잠깐 보류된다. 이 분석은 들어오는 자극과 기억 속에 이미 저장되어 있는 인식 가능한 패턴(pattern)과 연결시키는 것과 관련된다. 어떤 것에 주의를 집중하기 위해 학생은 동시에 일어나는 여러 경쟁적인 자극 중에서 선택해야만 한다. 이 자극들은 다른 학생의 말이나 교실 밖의 소음, 학생 자신의 책상에 있는 다른 교수 자료 등 학생에게 분명히 혼란을 유발할 수 있는 것들을 포함하고 있다. 또한 덜 분명해 보이지만 혼란을 주는 경쟁적인 자극들에는 칠판이나 벽에 붙은 정보들, 교수 자료 내에 포함된 보충 혹은 부가 자료 및 교사의 부적절한 교수 용어 등이 포함될 수 있다. 교사는 이 과정에서 학생에게 한 번에 하나씩 주의 집중하도록 요구하고 정보의 양을 제한함으로써 학생을 도울 수 있다. 예를 들면, 과제를 제시할 때 분명하고 구체적인 단어를 사용하는 교사는 불필요한 말을 끊임없이 하는 "가벼운 수다"의 흐름 안에서 학생들로 하여금 가장 중요한 정보를 알아채도록 요구하는 교사보다 학생들의 주의를 더 잘 집중시키고 유지할 수 있다. 개념은 짧은 문장을 사용하여야 하고 단어는 정확해야 한다. 다음 교사들 중 중학교 수학 수업에서 학생이 중요한 정보에 집중하도록 돕는 데 성공한 사람은 누구라고 생각하는가?

앨버트슨 선생님(Mr. Albertson): [교실 앞에 서서] 네. 여러분은 목표 점수를 받고 또 추가 점수를 받았어요. 그래요. 좋아요. 우리는 지금 학습지를 다 풀었고 바구니에 넣었지요? 여러분은 이제 숙제를 시작할 거예요. 그런데 먼저 도전 문제를 해결할 필요가 있겠지요? 그런데 잠깐만요! 이것은 우리가 어제 다뤘던 것과 같아 보이지만 다르다는 것을 기억해야 해요. 이건 까다로워요. 속임수가 있어요. 자, 여러분의 숙제는 78쪽에서 시작해요. 홀수 문제들만 풀어 보세요. 책상에서 친구들과 함께할 수 있지만 자기 과제를 할 필요가 있어요. 도전 문제가 해결되면 한쪽에 놓으세요. 잠시 뒤에 우리 모두 같이 이야기를 나누어 볼 거예요. 자, 과제를 시작하세요. [숙제를 칠판에 적기 시작한다.]

할렌 선생님(Mr. Harlan): 학습지를 끝낸 사람 있어요? 손 들어 보세요. 잠시만 그대로 있고요. 제나(Jana), 앤서니(Anthony), 제임스(James), 카리사(Karissa)는 뒤에 있는 책상에서 저와 만나요. 올 때 학습지를 가지고 오세요. 이제 다들 손을 내리세요. 이제 수학책을 꺼내세요. 숙제는 칠판 오른쪽, 여기에 있어요. [교사가 손으로 지적하며 숙제를 크게 읽는다.] 좋아요, 숙제가 몇 쪽에 있나요? [학생들이 입을 모아 대답한다.] 모두들 이제 숙제를 시작해도 좋아요. 단, 떠드는 것은 안 돼요. [교사는 뒤에 있는 책상으로 이동하며, 학생들이 정확한 쪽에서 시작하는지를 눈으로 확인한다. 학습지는 소규모 집단별로 수행하게 한다. 5분 후 학생들은 자신의 자리로 돌아간다.] 자, 이제 이번 수업에서 도전 문제를 살펴볼게요. 우리가 말하는 동안 모두 도전 과제를 가지고 와 책상 위에 놓으세요. 종이의 노란색 표입니다. [모든 학생이 도전 문제를 폈는지 확인하기 위해 교사는 학생들 책상 사이를 걸어 다니며 확인한다.] 자, 모르는 것은 무엇이지요? 아는 사람은 손 들어 보세요. 그래요. 시저(Cesar), 문제를 풀 때 모르는 것은 우리가 찾아내야 하는 변수예요. 여러분 모둠에서 '도전 문제에서 모르는 것은 무엇인가?'를 정하세요. 모둠 기록자는 손을 들어 보세요. 좋아요. 기록자는 자기 모둠에서 정한 변수들을 적어 보세요.

인간은 환경으로부터 들어오는 정보에 주의 집중하는 극도로 제한된 능력을 가지고 있다. 시각적 정보는 단지 1/2초 뒤에는 잊히기 시작하고, 청각적 자극은 단지 약 3초 정도 유지된다. 주의 집중하지 않았거나 인식되지 않은 정보들은 빠르게 사라지거나 새로 들어오는 정보로 대체된다. 효과적인 교사는 이런 문제를 인정하고 학생의 주의를 집중시키고 유지하는 다양한 전략들을 사용하여 인식에 도움을 주어야 한다. 예를 들면, 할렌 선생님은 짧고 구체적인 지시를 사용했다. 그는 학생들에게 빈번한 신체적 반응(손을 들라는)이나 구어적 반응을 요구했다. 그는 모든 학생이 지원이 필요할 때 교사의 지원을 받을 수 있도록 대집단/소집단을 효과적으로 관리했다. 그는 학생의 주의 집중을 감독할 수 있는 더 쉬운 교수 자료를 사용했다(예: 도전 문제를 종이의 노란색 표에 제시한 것). 그는 교실 안에서 빈번하게 움직였고, 좌석 배치와 협동학습 전략의 효과적인 사용을 보였다.

〈Box 3. 3〉은 주의 집중과 인식을 촉진할 수 있는 교실 전략의 일부를 보여 준다. 이들 전략 중 할렌 선생님이 교수에 사용했던 것은 몇 가지일까?

Box 3. 3 주의 집중과 인식 향상을 위한 학급 전략

- **학생들이 반에서 일어나는 활동의 순서를 체계적으로 기억할 수 있도록 학급 활동과 행사 일과표를 만들고 지킨다.** 예를 들면, 칠판에 매일의 시간표를 붙이고, 학생들이 다음에 이어지는 활동을 직접 눈으로 확인할 수 있도록 규칙적으로 환기시키라. 이 전략은 전이 시간을 줄여 주고 학생들이 활동의 전이가 일어난 다음에 재빨리 자신의 주의 집중에 더 초점을 맞추도록 도와준다.

- **학생의 주의 집중에 단서를 주는 일관된 신호를 사용한다.** 더 어린 아동들에게 사용되는 신호는 종소리, 손뼉, 구어적 단서(예: "나를 보세요.")나 깜빡거리는 불빛 등을 포함할 수 있다. 나이가 더 많은 학생들에게는 새로운 활동이 시작될 때, 교실 앞에 서 있거나 머리 위의 프로젝터를 틀거나 연령에 적합한 구어적 단서(예: "네, 이제 들어 보세요!")를 사용하는 것과 같이 좀 더 추상적이지만 일관된 신호가 단서로 사용될 수 있다.

- **한 번에 하나의 과제에만 초점을 맞추는 분명하고 구체적인 지시를 사용한다.** 예를 들어, "73쪽을 펼치세요."처럼 짧고 구체적인 지시를 사용한다. 또 모두가 정확한 페이지를 펼 때까지 기다린 후, "모두들

(계속)

Box 3. 3 주의 집중과 인식 향상을 위한 학급 전략 (계속)

73쪽 아래에 있는 문제를 보세요."라고 말한다. 잠시 멈춘 다음 "73 쪽 아래에 있는 문제를 푸는 것이 과제입니다."라고 말한다. 그러고 나서 말한다. "73쪽 아래의 문제를 푸세요. 푼 것을 보여 주세요." 이 러한 지시 방법이 "73쪽 아래의 문제를 풀고 푼 것을 보여 주기 위해 확인하세요. 그것들을 다 풀면 칠판의 도전 문제를 풀거나 이전에 했 던 저널 쓰기 과제를 완성하세요."라는 복잡하고 여러 단계의 지시들 을 한 번에 전달하는 것보다 더 효과적이다.

- **과제를 완수하기 위해 필요한 주의 집중의 양에 따라 과제를 계획 한다.** 만약 과제가 너무 길거나 학생이 너무 많은 변인에 주의 집중 해야 한다면, 학생들의 주의 집중은 혼란을 겪을 수 있을 것이다. 다 양한 반응을 요구하는 다르지만 서로 연관된 작은 단위로 수업을 나 누어야 한다. 예를 들면, 수학 문제 해결 수업은 대집단 강의와 모델 링으로 시작한 다음, 짝과 함께 조작적 도구들을 사용하는 과제가 이 어질 수 있고, 학생들은 자신의 책상에서 개별적으로 과제를 완수한 다음, 다시 대집단 강의와 수업 시간을 포괄할 수 있는 질문들로 마 무리할 수 있다. 학생들의 연령에 따라 개별 분절 단위는 8-10분 사 이가 적절할 것이다. 물론 수업 분절 단위 사이의 전이에는 앞서 언 급하였던 단서가 필요할 것이다. 학생들은 자신들이 수행해야 할 과 제와 주의 집중해야 할 과제의 특성에 대해 미리 알 수 있어야 한다.

- **인식에 도움을 주는 다양한 형식의 질문을 사용한다.** 교사의 질문이 학생에게 적절한 도전적 과제가 아니거나 너무 어려운 경우 학생의 주의 집중은 산만하게 될 것이다. 교사는 학생들이 명확한 정보를 기 억하고 추론하고 견해를 표현하고 평가하는 것과 관련된 다양한 질 문을 사용하라. 또한 추측 게임(guessing game)은 피해야 한다. 교사 는 학생들이 어떻게 대답해야 할지 아는 질문만 물어본다.

(계속)

Box 3. 3 주의 집중과 인식 향상을 위한 학급 전략 (계속)

- **하나 이상의 형식으로 정보를 제시한다.** 이 전략은 두 가지의 유사한 형식의 정보에 주의 집중하도록 함으로써 학생들이 교수 내에 포함된 핵심적인 정보들에 주의 집중하고 인식하는 것을 도와준다 (Case, 1985). 이 전략의 예들은 수학 개념을 모델링하는 조작의 사용, 화학이나 물리 문제를 해결하는 것을 시연하는 실험 상황, 수학 문제 해결의 단계별 구체적인 설명, 비교-대조 진술 문단을 작성하는 법을 교사가 시범으로 보여 주며 생각한 것을 큰 소리로 말하는 것 (think aloud)을 짝지어 보여 주는 것을 포함한다.

- **활기찬 수업 속도와 학생이 반응할 수 있는 빈번한 기회를 제공한다.** 학생들이 모두 함께 동시에 반응하는 것은 연령 적합성을 고려할 때 연령이 많은 학생들에게 사용될 수 있다. 비슷한 예로, 집단 수업 동안에 학생들은 작은 화이트보드에 쉽게 지울 수 있는 펜으로 답을 적고 그것을 들어 보일 수 있다.

- **학생이 교사의 기대대로 주의 집중하고 이해할 수 있도록 지속적으로 확인한다.** 학생들의 이해와 주의 집중 정도를 교사에게 보여 줄 수 있도록 예/아니요 형태가 아닌 질문을 계속하라. 예를 들어, "보니(Bonnie), 정확한 페이지를 펼쳤나요?"라고 질문하기보다 "보니, 우리가 다음에 해야 할 페이지가 어디지요?"라는 질문이 더 바람직하다.

연습의 효과적인 사용

효과적으로 학습된 정보는 의미 있는 네트워크로 통합되지 않은 정보들보다 더 잘 기억될 가능성이 크다. 자연적으로 더 많이 접했던 정보들은 더 쉽게 기억될 수 있을 것이다. 그러나 교사들은 학생이 최근에 배운 정보를 사용할 수 있는 기회를 제공할 수 있도록 연습을 효과적으로 사용하는 것이 필요하다. 예를 들면, 연습 회기는 **집중**될 수도 있고 **분산**될 수도 있다.

집중 연습(massed practice)은 비정기적 간격으로 이루어진 비교적 긴 회기의 집중적인 연습을 의미한다. 시험 전날 밤의 벼락치기 공부는 집중 연습의 한 예가 된다. 분산 연습(distributed practice)은 정기적으로 일과 시간에 계획되어 집중 연습보다는 더 짧고 덜 집중적인 연습을 의미한다. 일반적으로 분산 연습은 학습자가 배워야 할 정보에 접하는 빈도가 더 많고 장기 기억에서 서로 관련된 이전 선수 지식을 활성화하기에 집중 연습보다 더 효과적이다. 교사는 하루 일과 내에 짧은 연습 회기들을 체계적으로 만들고, 또 새로운 정보의 소개 다음에 다시 순차적으로 시간을 배분하며 이러한 과정을 촉진해야 한다.

또한 분산 연습은 자동성(automaticity)과 유창성(fluency)을 형성하는 데에도 중요하다. 유창성이 항상 빠름을 의미하지는 않는다. 그러나 이것은 학습자가 해야 할 것을 기억하기 위해 몰입된 주의 집중을 할 필요는 없음을 의미한다. 유창성은 학습자가 과제에 대한 더 많은 경험을 쌓음으로써 성취될 수 있다. 예를 들면, 이제 막 읽기를 시작한 학생들은 읽기에 유창성을 가진 사람들이 자동적으로 알고 있는 문자-소리 관계를 아직 습득하지 않았기 때문에 매 단어의 해독에 어려움이 있다. 유창성은 사람이 한 번에 제한된 양의 정보에만 의식적으로 집중할 수 있기 때문에 중요하다. 기본 단어 인식을 아직 습득하지 못한 아이들은 문단이나 개념과 원칙들이 제시하는 모든 미묘한 차이들에 집중할 수는 없다.

비계설정의 효과적인 사용

새로운 정보를 학습하는 것은 지식 네트워크에 있는, 이전에 학습하여 이미 알고 있는 기존의 정보와 새로운 정보 사이의 연결을 위해 지식 네트워크에 정보를 적절한 위치에 저장하고 활성화하는 것이다. 학습자가 관련된 선수 지식을 갖고 있지 않을 때 새로운 정보는 의미 없는 것으로 판단되고 따라서 기억되지 않을 수 있다.

학생이 배워야 하는 새로운 정보와 연결할 충분한 선수 지식을 갖고 있지 않을 때, 교사는 학생의 기존 지식을 보완할 수 있는 비계설정(scaffolding)이라 불리는 일시적인 지원을 제공해야 한다. 일단 학생이 관련된 정보를 장기 기억으로 저장하게 되면, 비계설정은 필요 없을 것이다. 비계설정은 기술이나 지식의 통제권을 교사로부터 학생에게로 체계적으로 전이하는 방법이다. 교사가 학생의 학습을 비계설정할 수 있는 몇 가지 방법들은 다음과 같다:

1. **교사가 가르치기 전에 학생이 배울 정보를 조직화한다.** 배워야 하는 정보의 구조를 보여 주는 선행 조직자와 시각적 배열을 사용한다. 정보가 범주에 따라 조직화될 때, 학생들이 배울 다양한 요소 간의 상하관계를 보여 준다. 사실적 정보가 의미 있는 조직으로 잘 묶여 있다면, 학생들 스스로 구조를 만드는 것보다 교수를 통해 학생들이 더 분명하게 연관 구조를 만들어 낼 수 있다. 학습자가 점진적으로 의미 있고 정교한 배경 지식을 개발해 감에 따라 교수는 쉬운 과제에서 시작하여 좀 더 복잡한 과제로 진행되어 가야 한다.

2. **문제 해결에 필요한 단계 수를 줄인다.** 과제를 단순하게 제시할 때 학생들은 문제 해결 과정의 다양한 구성 요소를 관리할 수 있다. 학생들은 작은 단계들을 통제할 수 있게 될 때 단계들을 서로 조정하기 시작한다. 학생들은 성공적으로 단순한 문제를 해결한 다음에는 점차 더 복잡한 수준의 과제들을 다룰 수 있게 되고, 유사한 문제 해결 전략들을 적용할 수 있게 된다. 정보의 관리가 가능한 양만 도입하도록 한다. 한 번에 모든 것을 가르치기보다는 작은 단계로 나누어 여러 수업에 걸쳐서 가르치는 것이 더 효과적이다. 교수에 있어 가장 중요한 기술 중 하나는 얼마나 가르칠 것인가와 그것을 어떤 속도로 가르칠 것인가를 아는 것이다.

3. **혼란을 줄 수 있는 복잡한 기술이나 정보들은 서로 분리해야 한다.** 하나를 소개한 후 다음 것을 가르치기 전에 학습자가 처음 소개된 것을 확실히 이해할 수 있도록 잠시 시간을 주어야 한다. 만약 이 지침의 중요성을 의심한다면, 어린 아이들이 "이건 내 왼손이고, 이건 내 오른손이다."는 형식으로 동시에 두 가지 개념을 배워야 할 때 "왼쪽"과 "오른쪽"을 얼마나 자주 혼란스러워하는지 생각해 보면 도움이 될 것이다.

4. **학생이 장기 기억에 이미 저장된 선수 지식을 활성화하는 것을 도울 수 있는 직접적인 지원을 제공한다.** 많은 교사는 전략적 질문하기나 회상 및 도표와 같이 회상을 자극하도록 고안된 다양한 기법을 사용한다. 학생들이 이미 배웠다고 믿거나 또는 학생들이 정보가 필요할 때 회상할 수 있도록 이미 충분히 배워 왔다고 가정하지 말아야 한다. 교사는 새로운 정보를 제시하기 전에

학생들에게 생각하는 것을 분명하게 말함으로써 기억을 촉진할 수 있다. 예를 들면, 기억을 촉진하기 위해 다음과 같은 진술을 사용할 수 있다.

> **디안젤로 선생님(Ms. D'Angelo):** 어제 우리는 덧셈에서 0의 기능을 알아보았어요. 어떤 수에 0을 더할 때 무슨 일이 생겼는지 생각해 보세요. 수는 변하지 않았어요. 오늘은 곱셈에서 0의 기능을 배울 거예요. 어떤 수에 0을 곱하면 무슨 일이 생길지 생각해 볼까요?

5. **학생이 배워야 하는 효과적인 수행 모델을 제공한다.** 학생이 선수 지식이 부족할 때, 그들은 정보의 정확한 사용에 대해 잘 모를 수 있다. 예를 들어, 교사는 학생이 전혀 들어 본 적이 없는 음악 도구를 연주하는 방법을 스스로 배우도록 기대해서는 안 된다. 그러나 종종 교사들은 학생에게 정확한 수행 모델을 보여 주지 않고 새롭고 복잡한 과제를 수행하도록 요구하는 경우가 있다. 학생들은 자신이 해야 하는 단계들을 본다면 자신의 수행을 이상적인 수준으로 끌어올릴 수 있고 학습 과정 동안 스스로 생각해서 자신의 수행을 감독할 수 있다. 교수는 목표 기술이나 정보에 대한 다양한 사례를 제공해야 한다. 학생이 배워야 하는 내용의 숨겨진 특징들에 초점을 맞출 수 있도록 구체적 예시들을 순차적으로 제시해야 한다.

6. **학생의 수행과 "정확한" 수행 간 차이의 결정적인 특성에 주목한다.** 학생에 대한 교사의 피드백은 구체적이고, 실수나 잘못 이해한 개념에 직접적으로 초점을 두어 학생이 과제 특성에 집중할 수 있어

야 한다. "무조건 잘한다"는 식의 피드백은 학습 과정에 대한 지원을 거의 제공하지 못한다.

7. **구체적인 전략들을 교수에 통합한다.** 이러한 전략들은 학생들이 새로운 정보와 이전에 배운 정보를 동시에 생각하도록 촉진한다. 학생 스스로의 표현으로 자신이 배워야 하는 것을 바꿔 말하거나 요약하는 것은 학생을 촉진할 수 있다. 낯설거나 새로운 정보에 학생이 주의 집중할 수 있도록 촉진하기 위해 구조화된 공부 방법 지침이나 노트 필기 지원을 학생에게 제공한다. 예를 들면, 사각형의 넓이 계산 방법을 배우는 학생들은 넓이 계산이 둘레 계산과 비슷하다는 것을 알려 주는 스터디 가이드를 통해 촉진될 수 있다(둘레의 계산이 선수 지식이라는 가정하에서).

8. **학생에게 기술이나 정보를 독립적으로 사용하도록 요구하기 전에 지도를 받으면서 연습할 수 있는 기회를 적절하게 제공한다.** 지도를 받으면서 연습하는 동안, 학습자는 집중적인 관리 지도를 통해 기술이나 정보를 사용할 수 있고, 교사는 실수를 교정하고 정확한 수행을 지원할 수 있는 즉각적인 피드백을 제공한다. 일반적으로 학생은 독립적인 수행을 요구받기 이전에 지도를 받으며 하는 연습에서 약 80%의 정확도를 보여야 한다.

학생 스스로 자신의 학습을 관리하도록 돕기

숙련된 학습자는 배우는 동안 자신의 사고 과정, 행동, 수행을 의식적으로 조절할 수 있다. 그들은 과제를 스스로 관리할 수 있는 단계로 나누고, 미리 시간을 계획하여 조직할 수 있으며, 과제 수행 과정에서 자신의 역할을 설명할 수 있다. 자신의 학습을 스스로 조절하는 학습자는 더 많은 정보의 양과 더 복잡한 정보의 형태를 다룰 수 있다. 덜 능숙한 학습자의 학습 관리 체계는 잘 개발되어 있지 않기 때문에 정보의 흐름이 원활하지 못하고 종종 정보를 잊어버릴 수도 있다.

자신의 학습을 관리하는 것은 자동적인 것이 아니라 의도적이고 의식적인 과정이다. 이 기능은 종종 초인지(metacognition)나 **자기 조절**(self-regulation)로 언급되며 일반적으로 학습된 전략의 사용을 포함한다. 자기 조절은 학습자가 (a) 학습 과제가 요구하는 전략이나 자원의 종류를 인식하고, (b) 이들 전략의 사용 방법과 사용 시점을 알며, (c) 전략 사용을 동기화하는 것이다. 최근 문헌들에서 학생들이 스스로의 학습을 조정하는 데 도움이 되는 많은 전략이 소개되고 있는데, 이 장에서 이러한 모든 전략을 설명하지는 않을 것이다. 그러나 대부분의 전략은 다음 주요 범주 중 하나에 포함되어 있다: 시연, 정교화, 조직화, 이해 수준 관리 및 정서.

시연

시연(rehearsal) 전략은 학생이 배워야 하는 정보에 주의 집중하도록 돕고, 정보를 기억으로 능동적으로 전이하는 것을 돕는다. 단순한 정보(예: 자료와 같은 사실이나 모양이나 색깔과 같은 단순한 개념)를 학습하는 시연 전략은 일반적으로 교수 동안에 제시되는 정보의 적극적 반복을 포함한다. 더 복잡한 정보(예: 사회과 교과서에 제시된 해설문 자료)를 학습하는 시연 전략은 교수 자료를 크게 반복하거나, 교수 자료를 베껴 쓰거나, 세부적인 노트 정리를 하거나 중요한 문장에 밑줄 치는 것을 포함한다.

학생들은 종종 시연 전략을 사용하는 방법과 시점 모두를 배워야 할 필요가 있다. 어린 학년의 학생들은 기본 정보를 학습하기 위해서조차 시연을 자동적으로 사용하지 못한다. 저학년을 가르치는 교사들은 단순한 시연 전략의 시범을 보이고 학생들이 적절한 순간에 이러한 전략을 사용할 수 있도록 학생에게 명백한 교수를 제공해야만 한다. 5학년이 되면 학생들은 일부 시연 전략을 동시에 사용할 수 있지만, 이를 더 효과적으로 다룰 만한 충분한 배경 지식을 가지고 있지는 않다. 예를 들면, 교과서 문장 읽기나 토론식 수업에서 가장 중요한 정보를 정확하게 판별해 내지 못한다. 교사들은 전략 사용을 분명히 교수하거나 구조화된 노트 정리 지침을 제공하거나 가장 중요한 정보를 반복하는 등 특정 전략의 시범을 보임으로써 더 복잡한 정보를 배울 수 있는 시연 전략을 사용하도록 학생들을 지원할 수 있다.

정교화

정교화(elaboration) 전략은 학생들이 새로운 정보와 이미 배운 기존의 선수 지식 사이의 연결을 가능하게 한다. 학생이 알고 있는 것과 새로운 정보가 얼마나 관련 있는지 알 수 있을 때, 이들 사이의 연결 관계는 강화될 것이다. 정교화는 학생들이 그 차이를 채울 수 있도록 돕는다.

사물의 이름이나 사실의 목록과 같은 단순한 정보를 배울 때, 학생들은 단순한 사실을 더 의미 있게 만드는 문장을 쓰거나 말할 수 있다. 예를 들면, 13개 미국 식민지 주의 본래 이름을 배우는 학생들은 개별 식민지 주의 본래 이름이 들어간 문장을 소리 내어 말하거나 쓸 수 있다. 더 복잡한 정보를 배우는 정교화 전략은 유추와 은유 사용, 상상력 발휘, 다양한 수준의 질문(예: 사실적 질문과 추론적 질문)에 대답, 노트 필기 등을 포함한다. 노트 정리와 스터디 가이드(study guides)는 학생들이 상위 개념의 정보와 하위 개념의 정보 간의 관계를 구별하도록 가르치고 학생 스스로의 말로 바꿔 말하거나 요약하여 구조화하게 한다. 기억술 또한 일반적으로 사용되는 효과적인 정교화 전략이다. 다시 강조하면, 학생들은 동시에 이런 전략들을 재생하거나 사용할 수는 없기에 교사는 종종 이러한 전략들의 사용 방법과 사용 시점에 대한 명시적 교수를 제공해야 한다.

조직화

조직화(organization) 전략은 학생들이 배워야 하는 정보를 구조화하도록 돕기 위한 목적으로 관련된 선수 지식과 정보 사이의 연결을 가능하게 한다. 하나의 범주 내에 정보를 조합하거나 묶는 것은 단순한 정보를 학습하는 가장 보편적인 조직화 전략이다. 대부분의 능숙한 학습자가 이런 전략을 자동적으로 적용함에도 불구하고, 어린 학생들이나 학습에 어려움을 가진 학생들은 종종 이런 전략의 사용 방법과 시점을 가르쳐야 할 필요가 있다. 교사는 교수를 제공하기 이전에 정보를 논리적인 범주로 배열하거나 정보 범주화 과정을 통해 학생이 모델링할 수 있도록 유도하고 또한 배워야 하는 정보 내에 존재할 수 있는 특정 패턴들을 가르쳐 줌으로써 조직화 전략을 비계설정할 수 있어야 한다. 정보를 조직화하는 다른 일반적인 전략은 배워야 하는 정보들 사이의 관계를 보여 주는 그래픽 조직자(graphic organizer), 도표 그림 및 요약문 등을 포함한다. 예를 들면, 학생들은 교과서에서 원인-결과, 시간 순서, 또는 문제 해결 패턴에 따라 요약할 수 있다. 교사는 전체 윤곽을 그려 보게 하는 개요 그리기 기법의 사용을 통해 학생이 모델링하고, 다양한 형태로 참여할 수 있는 학습지를 제공하고, 미리 읽어 볼 수 있도록 하여 학습을 돕는 빈칸이 있는 그래픽 조직자를 제공하는 식으로 학생의 조직화 전략 사용을 촉진할 수 있다.

이해 수준 관리

이해 수준 관리(comprehension monitoring) 전략은 학생들이 자신이 이해한 정보들을 선수 지식에 잘 연결할 수 있도록 적극적이고 지속적으로 자기 점검을 할 수 있게 도와준다. 이해 수준 관리 전략은 학습(특히 읽기)에서 목표를 판별하고 이들 목표를 충족하는 수준을 평가하는 것을 포함한다. 일부 공통적이고 효과적인 관리 전략은 스스로 질문하기, 다시 읽기, 바꿔 말하기 및 무의식적으로 확인하기 등을 포함한다. 교사는 큰 소리로 말하는 과정을 모델링하고 읽기 과제를 더 작은 부분으로 나눈 다음에 정기적으로 학생이 읽기에 대한 질문을 하는지를 지도함으로써, 학생들이 이해 수준 관리 전략을 사용할 수 있도록 비계설정을 할 수 있어야 한다. K-W-L 질문(내가 아는 것[Know]은 무엇인가? 내가 배우기를 원하는 것[Want]은 무엇인가? 내가 배운 것[Learn]은 무엇인가?)과 같은 사전-사후의 읽기 지침 사용은 이해 수준 관리에 도움을 준다.

정서

정서(affect) 전략은 학습이나 공부하는 시간 동안 학생이 편안하고 긍정적인 마음 상태로 학습 과제에 접근하도록 돕는 데 목적이 있다. 일반적인 정서적 전략은 목적 설정과 시간 관리 활동을 포함하여, 공부하는 시간과 장소를 일관되게 만듦으로써 외부적 혼란을 줄이고, 학습에 대한 부정적인 기대나 예측을 극복하도록 긍정적으로 스스로에게 말하기 전략을 사용하는 것을 포함한다.

전이와 일반화를 위한 교수

학생들이 새로운 자료를 배우는 방식은 다른 상황으로 지식을 전이하는 능력에 영향을 미친다. 사실이나 과정을 기억하는 것과는 대조적으로, 이해를 포함하는 학습은 다른 상황이나 문제로 전이될 가능성이 더 크다. 그러나 사람은 한 가지 맥락 내에서 완벽히 이해하더라도 다른 맥락에서의 이해는 불충분할 수 있다. 따라서 학생들이 한 맥락에서 다른 맥락으로 학습을 전이하도록 돕기 위해서 가장 중요하게 고려할 점 중의 하나는 기대되는 전이의 종류를 인식하는 것이다.

전이(transfer)와 관련된 하나의 분류는 일반적으로 **가까운(near)** 전이와 **먼(far)** 전이다. 가까운 전이 과제는 기술이 학습된 상황과 나중에 사용될 상황 간에 많은 중복 부분이 있다. 학생들이 배웠던 곱셈에서 정확히 같은 유형의 문제를 제시하는 한 주의 마지막 시험은 가까운 전이 과제의 예시를 보여 준다. 먼 전이의 예는 본래 학습 상황과 기술이 요구되는 맥락 사이의 중복 부분이 더 적다. 교실에서 지리 문제 해결을 배우고 난 뒤, 스케이트보드장을 계획하기 위해 피타고라스 이론을 사용하는 것은 먼 전이 과제의 예시가 될 수 있다.

선수 지식이 새로운 학습에 영향을 주는 방식을 이해하는 것 역시 중요하다. 예를 들면, 기본적인 철자-소리 관계에서 불규칙성은 초보적인 읽기 학습자에게는 초기 해독에서 많은 어려움을 야기할 수 있다. 혹은 스페인어를 배울 때 학생은 친숙한 영어 발음을 사용할 수도 있다. 교사는 학생이 문제를 해결한 특정 방법이나 구체적인 해답을 얻게 된 이유에 대해 스스로 설명하도록 요구하는 질문을 통해, 학생의 선수 지식이 새로운 학습에 영향을 주는 일반적인 방식에 대해 더 많이 알아내고 수정해 주어야 한다.

전이가 자동적으로 일어나지는 않지만, 교사는 전이를 지원할 수
있다. 〈Box 3. 4〉는 전이를 증진하기 위한 목적으로 사용할 수 있는 학
급 전략의 일부를 보여 준다.

Box 3. 4 전이 증진을 위한 교실 전략

- **학생이 다양한 맥락에서 기술을 연습하고 지식을 적용할 기회를 제
  공한다.** 특정 정보나 절차의 사용이 일어나는 다양한 상황 사이의 유
  사성을 학생들이 인식할 수 있도록 돕기 위해서 장기 기억 내에 연결
  관계를 만드는 것은 중요하다.

- **가까운 전이부터 먼 전이까지 예시 유형을 체계적으로 다양화한다.**
  학생들이 접하는 다양한 전이 상황들을 점진적으로 제시한다. 하나
  의 먼 전이 과제로 갑작스럽게 비약하기보다는 여러 작은 가까운 전
  이 과제들을 도입한다. 단계의 크기는 학습 과제에 대해 학생이 가지
  고 있는 선행 지식의 정도와 거리에 따라 다양하게 조절할 수 있다.
  예를 들면, 세로식의 세 자리 수 뺄셈 문제에서 돈을 포함하는 두 단
  계 문장제 문제로의 전이를 돕기 위해, 여러분은 성공적인 수업이나
  예시를 위해 다음 요소를 체계적으로 도입할 수 있다. 십진법을 포함
  하는 덧셈/뺄셈 문제, 돈 이름을 포함하는 덧셈/뺄셈, 십진법의 뺄셈
  을 포함하는 두 단계 문장제 문제, 그리고 최종적으로는 돈 이름이
  포함된 두 자리 수 뺄셈을 포함하는 두 단계 문장제 문제.

- **이전에 배운 정보를 보여 줄 수 있는 전략 모델을 새로운 상황에서
  사용할 수 있어야 한다.** 교사는 학생들의 사고 과정을 관찰하도록
  드러낼 수 있는 소리 내어 생각하기(think-aloud) 절차나 다른 방법을
  사용할 수 있다. 예를 들면, 인터넷이나 도서관 검색을 실시하는 방
  법을 보여 주는 동안, 교사는 수학 시간 동안 가르쳤던 문제 해결을

(계속)

Box 3. 4 전이 증진을 위한 교실 전략 (계속)

위한 스스로 질문하기(self-questions) 과정에 대한 시범을 보일 수 있다. 예를 들면, 내가 문제를 푸는 목적은 무엇인가? 내가 이미 알고 있는 것은 무엇인가? 내가 알아야 할 필요가 있는 것은 무엇인가? 내가 목적에 도달하기 위해 따라야 할 단계는 무엇인가? 나는 이미 내 목적에 도달했는가?

- **이전에 배운 정보가 전이되는 것이 필요한 상황에서 학생에게 단서를 제공한다.** 예를 들면, 편지 쓰기 수업을 할 때 교사는 이야기 쓰기 수업 시간에 학습하였던 미리 쓰기 전략의 사용을 촉진하기 위해 학생에게 다음처럼 말할 수 있다: "지난주에 우리가 이야기 쓰기 시간에 배웠던 방법과 동일하게 브레인스토밍 방법을 사용해서 편지 쓰기를 할 수 있어요. 브레인스토밍 방법을 어떻게 했는지 기억하는 사람 있나요?"

학습–교수 연결하기

교수는 학생들이 배우도록 기대되는 것에 기초해서 설계되어야 한다. 그러나 사람들은 다양한 유형의 정보를 배우기 위해 각기 다른 인지 과정을 사용하기 때문에 효과적으로 학습과 교수를 연결하기 위해서는 학습에 필요한 정보와 사고 과정 모두에 대한 신중한 고려가 필요하다. 다음에서는 교사가 교실에서 제공하는 교수에 대해 스스로 질문할 수 있는 체크리스트를 제시하였다. 체크리스트에서 볼 수 있는 것처럼, 교사들은 학생의 학습–교수 연결을 증진시킬 수 있는 방법에 대해 생각해 보아야 한다.

✓ **학생이 "기억해야 할 중요한 정보"에 집중하고 인식하도록 돕기 위해 사용해야 할 전략은 무엇인가?**

● 환경으로부터의 자극(혹은 정보)을 감각을 통해 인식하는 것처럼, 감각 기억은 그것이 분석되기 전까지 잠시 보류된다. 여기에 주의 집중과 인식의 일차적인 기능이 있다. 효과적인 교사는 학생이 주의 집중하고 유지하며 인식하는 데 도움을 주는 다양한 전략을 사용한다. 이들 전략에는 활동의 시작과 끝을 나타내는 신호의 사용; 주의 집중을 유지할 수 있는 움직임, 몸짓, 대화 형태의 사용; 교수 자료와 활동에서의 다양성; 인식에 도움을 주는 다양한 유형의 질문 사용이 포함된다.

✓ **교실에서 연습할 기회를 주기 위해 사용하는 교사의 전략은 무엇인가?**

● 정보는 더 자주 접해야 하고 필요할 때 더 쉽게 회상할 수 있어야 한다. 이것이 교사들이 학생들에게 최근 배운 정보를 연습할 기회를 제공하는 것이 중요한 이유다. 학습자가 이미 배운 정보들을 접하고 장기 기억에 있는 선수 지식을 활성화할 수 있는 빈도가 늘어나기 때문에 분산학습이 집중학습보다 더 효과적이다.

✓ **교수에서 사용하는 비계설정 전략은 무엇인가?**

● 학생이 배우는 새로운 정보와의 연결을 만들 수 있는 선수 지식을 충분히 갖고 있지 못할 때, 교사는 학생의 기존 지식을 보완해 줄 수 있는 비계설정이라 불리는 일시적인 지원을 제공하여야 한다.

✓ **학생들이 학습하면서 정보를 조직화하도록 돕는 방법은 무엇인가?**

● 학습자는 정보 기억을 조직화하기 위한 구조와 도식을 개발한다. 이러한 구조는 학습자가 이미 알고 있는 지식을 얼마나 효과적으로 사용하는지 뿐만 아니라 이미 알고 있는 지식의 이해 수준과도 관련이 있다. 학습자의 장기 기억이 빈약하게 구조화되었을 때는 학습 실패가 일어날 수 있다.

✓ **학생이 선수 지식을 활성화하도록 돕기 위해 사용하는 전략은 무엇인가?**

● 크고 잘 조직화된 선수 지식의 저장고로 접근할 준비가 되어 있는 학습자는 빈약한 선수 지식을 가지거나 장기 기억으로 저장된 정보에 접근할 수 있는 능력을 덜 가진 학습자보다 작업 기억을 통한 정보 처리에 더 유능하다.

✓ **전이와 일반화를 촉진하기 위한 방법은 무엇인가?**

● 학생이 새로운 교수 자료를 배우는 방식은 다른 상황으로 지식을 전이하는 능력에 큰 영향을 미친다. 한 상황에서의 완벽한 이해를 보여 주는 사람이라도 다른 맥락에서는 불완전한 이해를 보일 수도 있을 것이다. 따라서 학생에게 기술을 연습하고 지식을 적용할 수 있는 기회를 다양한 맥락에서, 또 이전에 이미 학습된 정보가 필요한 다른 맥락에서 연습할 기회를 제공하는 것은 중요하다.

4

일반교육과정 접근을
지원하는 평가

평가와 결정

IEP에 제시된 기간 동안 일반학생이 해야 하는 것은 무엇인가?

일반교육과정에서 학생의 현재 학업 성취와 기능적 수행 수준이
 란 무엇인가?

학생의 장애가 일반교육과정에서 학업 성취와 기능적 수행에 어
 떠한 방식으로 영향을 미치는가?

일반교육과정에서 학생은 진전을 보이고 있는가?

제4장 일반교육과정 접근을 지원하는 평가

특수교사들은 평가와 관련된 선입견을 가지고 있는 것처럼 보인다. 이러한 전통의 뿌리는 아주 최근까지 특수교육에 영향을 미친 의학적인 모델에서 찾을 수 있을 듯하다. 1975년에 제정된 최초의 특수교육법인 PL 94-142에서 일반교육과정과 일반적인 교육 프로그램은 장애와 관련해서는 매우 이질적인 변인으로 간주되었다. 장애학생이 무상의 적합한 공교육을 통해 이익을 얻기 위해서 학교는 학생의 능력에 대해 개별적으로 실시된 진단 평가를 통해 파악된 학생의 독특한 특성에 맞는 교정적인 중재를 고안해야만 한다고 생각하였다. 이러한 진단 중재 모형에 의해 학생들을 평가했고, 학습의 강점과 약점을 파악하고 약점을 개선하기 위해 개별적인 장·단기 목표와 전략을 수립하였다. 평가와 중재는 즉각적이고 분리된 기술에서 보이는 약점들에 초점을 맞추고 있었고, 주로 더 큰 일반교육과정과는 분리되어 실행되었다.

결과적으로, 개별화교육프로그램(IEP)은 특수학급이나 특별한 환경에서 제공되는 분리된 교육적 중재를 만들어 내는 분리된 기술 목표들의 조합이 되었다. 학생들의 프로그램은 개별화되었지만, 더 크고 구조화된 교육과정의 목표와 위계들과는 분리되는 경우가 많았다. 실제로 IEP는 많은 학생을 위한 교육과정이었다. 이러한 특수교육의 전통적인 진단-치료 모형은 일반교육과정의 목표와 분리되거나 연관성이 거의 없게 되는 결과를 낳았다.

초기의 연방 특수교육법이 지난 30년 동안에 걸쳐 개정되고 바뀌고 개명되었다. 2004년 11월 가장 최근 개정된 미국장애인교육개선법(PL 108-446)은 여전히 미국장애인교육법으로 언급되고 있다. 이러한 개정의 결과로 특수교육은 완전히 변화되었다. 발달적인 결함을 교정하는 것에서 일반교육과정에 대한 접근을 통한 학교 졸업 후의 환경에 대한 장애학생의 준비에 강조를 두는 것으로 초점이 이동되었다(Browder et al., in press).

이 책에서 우리는 학생의 IEP가 일반교육과정에서 학생의 진전을 돕는 데 필요한 수정, 서비스 및 지원에 대해 초점을 맞추는 특수교육 모형에 대해 논의하고 있다. 이러한 특수교육의 새로운 개념은 1997년 미국장애인교육법 수정 조항에서 처음 반영되었고 아동낙오방지법과 2004년 미국장애인교육법 개정안에서 강화되었다. 이러한 법들은 장애학생에 대한 교육은 일반교육과정 내에서 이루어져야만 하고 일반교육과정 내용과 성취 기준에 기초되어야만 함을 명백히 강조하고 있다.

IEP는 일반교육과정을 대신할 수 없고 임의의 목표들의 조합이 아닌 기준 지향적인 교육과정을 위한 수단이다. 더욱이 단순히 학생들이 일반학급에 배치되었거나 혹은 일반교육과정 자료에 기초한 교수를 받는다고 해서 일반교육과정에 접근되어 있는 것이 아니다. 미국장애인교육법과 아동낙오방지법에서 언급된 전제는 각 학생들은 각 주의 교육 내용 기준에 의해 규정된 것과 같은 교과를 교육받는다는 것이다.

일반교육과정에서 학생이 진보하기 위해서 교사들은 새로운 평가와 측정 도구를 사용해야 하고 교수를 위한 평가의 역할에 대해 새로운 생각을 가져야 한다. 평가는 IEP 팀이 일반교육과정에서 장애학생이 적절한 진보가 이루어지도록 하는 데 필요한 교수적 조정과 수정을 결정하는 것을 돕기 위한 자료를 제공하는 데 그 목적이 있다. IEP 팀을 도울 수 있는 의사 결정 과정에 대한 논의는 6장에서 이루어질 것이다. 이 장에서는 이러한 의사 결정 과정의 기초가 되는 평가 전략에 대해 살펴볼 것이다.

평가와 결정

모든 교육적인 평가는 다음 질문들에 답하는 것에 그 목적이 있다. 때로는 질문이 "이 학생은 읽기 교육과정의 다음 단계로 옮겨 갈 준비가 되었는가?" 혹은 "학생들은 자기장에 관한 가장 중요한 개념을 배웠는가?"와 같이 직접적일 수 있다. 반면에 "이 학생이 학습장애를 가지고 있는가?" 혹은 "이것이 효과적인 학교인가?"와 같이 아주 복잡한 질문들일 수도 있다. 그러나 모든 교육 평가 체계의 궁극적인 목적은 학생의 수행과 진보에 대해 효과적인 예측을 해야만 한다는 것이다.

IEP 개발을 위해 사용되는 평가 과정은 학생의 현재 학업적인 성취와 기능적인 수행 수준과 관련된 다양한 형태의 자료를 제시해야만 한다. 미국장애인교육법에서 주와 지역 단위 평가 기준 사항을 요구하기는 하지만, 이러한 대부분의 자료는 주로 교실 활동에 기초한 평가와 다른 신뢰할 만한 수행평가로 구성되어야 한다. 최소한 팀은 적절하고 의미 있는 다양한 구조 내에서 학생 수행에 대한 다양한 자료를 수집해야 한다. 예를 들면, "쓰기 표현" 영역에서 IEP 목표를 개발하기 전에 완성된 학습지, 저널, 편지 및 이야기 구성과 같은 다양한 쓰기 자료들을 수집해야 한다. 이러한 자료들은 쓰기 표현을 배우는 수업 시간과 쓰기 기술이 사용되는 사회, 수학 및 과학과 같은 수업 시간 동안에도 수집될 수 있다. 집이나 여가 시간을 보내는 상황과 같은 학교 외적인 환경에서 학생의 쓰기 표현과 관련된 자료를 수집하는 것도 유용하다.

IEP 개발을 위한 유일한 최상의 과정은 존재하지 않는다. 마찬가지로, IEP 개발을 촉진하는 표준적인 평가 장치가 있는 것도 아니다. 각 학생과 각 맥락은 IEP 팀이 효과적인 계획과 교수적으로 타당한 결정을 내릴 수 있도록 하나의 고유한 평가 정보 체계가 되어야 한다. 일반적으로 IEP를 만들기 위해 필요한 평가 과정은 다음과 같은 주요한 과제를 포함하고 있다:

- 일반교육과정 내에서 학생의 현재 학업적인 성취와 기능적인 수행 수준에 대한 결정
- 장·단기 목표 혹은 벤치마크의 명시
- 학생이 일반교육과정에 접근할 수 있도록 하기 위한 조정과 수정에 대한 인식
- 계획의 효과성을 평가하기 위해 일반교육과정 내에서의 학생의 진보를 관찰하는 것

학생이 교육 서비스를 받을 환경과 학교지역구와 주 단위 대규모 평가에 학생이 참여할 방법에 대한 결정은 이러한 중요한 계획하기 과정에서부터 이루어지고 장·단기 목표, 교육적 지원이 판별된 후부터 시작된다.

이러한 계획 과정에 대한 지침으로 평가에 대한 네 가지 일반적인 질문이 있다:

- IEP에 진술된 기간(학년, 학기 등) 동안 일반학생들에게 기대하는 것(예: 수학, 과학, 읽기)은 무엇인가? 이 질문은 일반교육과정에서 제시된 내용 기준과 일반학생에게 기대되는 성취 수준에 대

해 간학문적인 팀이 명확하게 인식할 것을 강조한다.

● 일반교육과정 내에서 학생의 현재 학업 성취 수준과 기능적 수행 수준은 어느 정도인가? 이 질문은 세부적인 내용 영역에서 학생의 수행에 대한 다양한 유형의 자료 수집과 부모, 교사 그리고 다른 팀 전문가의 투입을 요구하는 것이다. 이 질문에 답하기 위해서 팀은 기준에 기초한 과제에서 학생 수행을 직접적으로 관찰하고 평가해야만 하고 그러한 과제를 수행하는 과정에서 학생의 현재 수행 정도를 파악해야 한다.

● 학생의 장애가 일반교육과정 참여와 진보의 어떠한 측면에서 영향을 미치는가? 읽기나 쓰기에서와 같은 명확한 기술적 결함과 함께 주의 집중, 조직화하기 및 학습 과정과 같은 면을 고려해야 한다. 수행에 있어서 학생 장애의 직접적인 영향에 대한 아주 세밀한 분석은 일반교육과정에서 학생 진보가 이루어지도록 하는 편의 제공이나 수정의 결정을 위해 필요하다.

● 일반교육과정에서 학생의 진보가 이루어지고 있는가? IEP 팀은 연간 IEP 목표를 따라 학생의 진보가 이루어지고 있는지를 측정할 방법과 진보에 대한 정기적인 평가 기록의 시기와 방법에 대해 서술해야만 한다. 이 질문은 팀이 학생의 수행을 비교하기 위한 다양한 참고 기준에 대해 고려할 것을 요구하는 것이다. 팀은 학생의 현재 수행 수준이 이전 수행 수준보다 더 나아진 수행 수준을 보이는 것인지를 결정해야만 한다. 이러한 결정들은 학생이 경험하게 될 특수교육 서비스의 유형과 환경에 직접적인 영향을 미친다.

IEP에 제시된 기간 동안
일반학생이 해야 하는 것은 무엇인가?

앞 장에서 우리가 토의한 것과 마찬가지로, 오늘날 학교의 일반교육과정은 주의 내용 기준에 따라 구성되고 있다. 그러한 관점에서 내용과 성취 기준은 교육과정을 구성할 뿐만 아니라 IEP 팀이 일반교육과정에서 기대되는 수행 정도를 고려하는 데 사용할 수 있는 통일된 기준을 제공한다. 성취 기준은 일반교육과정에서는 교수의 결과로서 **모든 학생**이 나타낼 것으로 기대되는 것을 의미한다. 그러한 기대 수준에 대한 명백한 이해가 이루어지지 않는다면 IEP 팀은 교육과정의 기대 수준으로서 특정 학생들이 얻어야 하는 것과 진보해야 하는 것에 대한 정의를 내릴 수 없을 것이다. 2장에서 논의한 바와 같이, 기준에 초점을 맞추는 것은 일반교육과정과 관련된 결정적이고 지속적인 지식에 대한 고려를 필요로 한다.

IEP 팀이 직면한 어려움은 학생들이 더 방대하고 장기적인 기준과 관련하여 실질적으로 성취할 수 있는 연간 학습 목표를 설정하여야 한다는 것이다. 이러한 문제를 해결하기 위해, IEP 팀은 2장에서 논의된 세 가지의 중요한 교육과정의 성격에 관심을 기울여야만 한다: 즉각성, 구체성, 위계성. 이러한 일반교육과정의 세 가지 특성에 초점을 맞추는 것은 일반학생들이 도달해야 할 수행 수준이 기대되는 기간이나 상황; 준거로서 제시된 세부 사항이나 중요성의 정도; 학습되고 수행되어야 할 정보의 순서 등에 관해 IEP 팀이 결정할 수 있도록 도와 줄 것이다.

일반학생에 대한 기대 수준이 명백하게 인식되었다면 IEP가 작성된 장애학생의 수행을 분석하는 것이 가능해진다. 같은 학년 수준의 친구들을 위해 수립된 내용과 성취 기준은 일반적으로 IEP 결정이 진행되는 과정의 출발점이 된다. 아주 적은 비율의 장애학생에게 대안적인 성취 기준을 적용하고 다른 방법으로 평가해야 하는 것이 사실이지만 아동 낙오방지법하에서 이러한 것들은 보편적인 일반교육의 성취 기준을 기초로 해야만 한다.

일반교육과정에서 학생의 현재 학업 성취와 기능적 수행 수준이란 무엇인가?

일반교육과정에서 학생의 현재 학업 성취와 기능적 수행 수준을 확인하는 것은 일반교육과정의 내용과 관련된 사고력과 문제 해결력에 대한 직접적인 평가를 필요로 한다. 대부분의 학교에서 찾을 수 있는 내용 준거와 교육과정 체제에 의해 실시되는 사고력과 문제 해결력을 고려할 때 **직접적인** 평가와 **간접적인** 평가의 차이는 중요하다. 직접적인 평가는 학생이 학습할 것으로 기대되는 사고력이나 문제 해결력에 대한 관찰이 가능한 것이다. 간접적인 평가는 학생이 배워야 할 것으로 기대하는 사고나 문제 해결 과정을 사용하는 학생의 능력에 대해 교사가 추측하도록 요구하는 것이다.

직접적인 평가는 일반적으로 개념과 원리에 대한 평가, 예측, 적용을 활용하여 학생들이 문제를 해결하도록 한다. 간접적인 평가는 사실, 개념, 원리에 대해 학생들이 단순히 요약하고 반복하는 것을 요구하지만 복잡한 문제 해결에는 요약과 반복을 사용하지는 않는다. 〈Box 4. 1〉에서 과학에서 이러한 차이점의 예들을 볼 수 있다.

Box 4. 1 직접 평가와 간접 평가의 예

특정 주의 교육과정 체제에서 과학 과목에서 제시한 하나의 기준에 해당하는 벤치마크들 중의 하나는 물질과 에너지 간의 상호작용이 일으키는 변화에 대해 학생들이 이해하는 것이다. 이러한 벤치마크에 대한 성취 기준으로 사람들이 자원을 이용함으로써 생태계에 미치는 영향에 대해 학생들이 설명할 수 있어야 한다. 최근에 중학교 교사들은 멸종 위기의 생물(종)과 관련한 단원에서 이러한 성취 기준을 사용하고 있다. 많은 교실 내의 토의 활동은 연어 복원 활동과 관련된 내용에 대해 이루어졌다. 교수 목표는 학생들이 연어 서식에 영향을 미치는 인간의 행동을 인식하는 것이었다. 연어의 생활 주기, 서로 다른 생활 주기에 따라 연어가 생활하는 서식지, 연어의 서식에 영향을 미치는 인간의 행동 등에 관한 내용에 같은 양의 시간이 배정되었다. 교사는 학생의 벤치마크와 지표의 습득 정도를 측정할 시험을 만들기 원한다. 여기에 교사가 할 수 있는 질문들의 한 세트가 있다.

1. 북태평양 산 큰 연어의 세 단계의 생활 주기를 제시하세요.
2. 다음 중 연어의 생활 주기에서 서식지가 아닌 것은 무엇인가요?
   (a) 깊은 바다
   (b) 강의 하구
   (c) 따뜻한 연못
   (d) 차가운 강
3. 연어의 회귀란 무엇인가요?

여기에 같은 내용을 평가하는 다른 항목이 있다:

여러분이 2070년에 살고 있다고 상상해 보세요. 여러분의 취미가 낚시이고 가장 잡고 싶은 물고기는 여러분이 살고 있는 지역의 자생종인 은연어예요. 은연어는 여러분이 살고 있는 지역의 강에 무지개

(계속)

Box 4. 1 직접 평가와 간접 평가의 예 (계속)

송어, 북태평양 산 연어와 같은 다른 물고기들과 함께 아주 많이 살
고 있어요. 2000년에 연어는 멸종 위기의 종이었지만 오늘날에는 매
우 풍부한 종이 되었다는 사실을 알고 있어요. 2070년 현재 자생종
인 연어의 생존에 가장 많이 기여한 것이 무엇인지 다음 중에서 고
르세요.

(a) 많은 연어 부화장이 개발되었고 인공 양식된 연어가 바다에 방
류되었다.

(b) 연어가 번식하는 강을 따라 농업적, 상업적, 공업적인 개발에 대
한 엄격한 제한이 이루어졌다.

(c) 유전공학의 발달로 질병에 강한 연어가 개발되었다.

여러분의 답을 설명하는 짧은 에세이를 쓰세요.

첫 번째 문제의 세 가지 질문들은 반복이나 요약을 필요로 하고, 수립된
교수 목표인 연어의 서식과 관련하여 인간의 행동이 미치는 영향에 대해 학
생들이 이해한 것을 설명하도록 요구하지 않기 때문에 간접 과제다. 학생들
은 단순히 장기기억에 저장된 서술된 정보를 상기하고 학습된 것과 같은 형
태로 산출하는 것이다. 학생들이 좀 더 능동적으로 정보를 사용하도록 하는
마지막 항목은 학생의 사고력에 대한 직접 평가다. 이러한 질문에 대답하기
위해서 학생들은 서술된 정보(연어의 생활 주기, 인간 행동의 영향)와 조건
적인 지식(즉, "강을 따라 이루어지는 더 많은 개발이 연어 수의 감소를 초래
한다는 원리")을 사용해야만 한다. 세 가지 문항 모두 정답일 수 있고 각각의
문항은 수업을 하는 동안 제공된 정보들로 설명될 수 있다. 그러나 특정 답에
대해 학생이 제시하는 근거는 학생들의 사고력과 이해력에 대한 직접적인

측정을 가능하게 만든다.

　가장 단순한 형태로, 수행평가(performance assessment)는 문제를 해결하는 것과 같이 실제로 활동을 하는 학생에 대한 관찰과 개별적인 평가를 포함한다. 수행평가는 체조나 피겨스케이팅 같은 체육 활동과 미술 활동에서 오랫동안 사용되어 왔다. 올림픽 경기를 관전해 본 사람이면 이러한 평가 방법에 익숙할 것이다. 학습과 사고가 주로 내재적이거나 보이지 않는 "두뇌 활동"이 이루어지는 교실 내에서 이루어지는 수행평가는 활동보다는 결과물에 초점을 맞추게 된다. 예를 들면, 학생들이 다리나 탑과 같은 모형을 만들고 필요한 계산과 단계들에 대한 설명을 써야 하는 활동을 할 수도 있다. 그러한 결과물은 다양한 교육을 통해 습득한 복잡한 기술들을 조금씩 포함하고 있다. 결과물의 질은 그것의 기초가 되는 사고의 질을 반영하는 것이라고 가정한다.

　IEP 개발을 위해 사용되는 수행평가는 과제에 대한 학생들의 성취 수준에 대한 정보를 제공해야만 한다. IEP 계획을 위해서만이 아니라, 수행평가를 통해 이끌어 낼 수 있는 다양한 행동이 있으며 영구적인 결과물은 일반교육과정 내에서 학생의 기능 정도에 대한 풍부한 자료가 될 수 있기 때문에 가장 유용하다는 확장되고 건설적인 생각들이 필요하다. 예를 들면, 학생이 동화 쓰기를 해야 한다면 수행 수준은 쓰기 계획과 습작에서부터 최종적인 이야기 완성 단계에 걸쳐서 학생이 참여하는 전반적인 쓰기 과정에 대한 정보를 제공해야만 한다. 마찬가지로, 수학 수행 과제는 계산의 정확도와 함께 학생이 사용하는 문제 해결 전략에 대한 정보를 제공해야만 한다. 또한 과학 과제는 과학적인 개념의 사용이 요구되는 상황에서 학생의 활용도에 대한 정보를 제공해야 한다. 과제를 잘 수행하도록 하는 것이 무엇인가에 대한 정보를 얻기 위해 학생의 학습 결과물들을 검토하는 것은 교사들에게 유용하다; 이것은 학생들이 획득해야만 하는 기술들을 교사가 지도할 수 있도록 도와줄 수 있다.

앞에서 일반교육과정 내에 담고 있는 정보(사실, 개념, 원리, 과정, 전략 등)의 다양한 유형에 대해 논의했다. 사실, 개념, 원리, 과정들 간의 차이는 2장의 [그림 2-2]에서 설명하였다. 교육과정에서 담고 있는 정보의 형태는 그것을 사용하는 데 필요한 사고력의 종류를 결정한다. 더 복잡한 정보일수록 더 복잡한 사고력과 문제 해결력을 위해 사용된다. 사실과 구체적인 개념과 같이 단순한 정보는 단순한 사고 과정(예: 그대로 반복하기)에서만 사용될 수 있다. 사실, 개념, 원리로 수행될 수 있는 다양한 인지 기능은 [그림 4-1]에 설명되어 있다. [그림 4-1]에 제시된 정보는 Bloom과 동료들(1956)에 의한 연구와 Williams와 Haladyna(1982)에 의해 개발된 분류학을 기초로 한다.

IEP 계획을 위한 수행평가는 일반적으로 세 가지의 필수적인 요소를 갖는다: 지표(indicators), 촉진 문제(prompts), 수행 기준(performance criteria).

지표. 내용 기준에 기초한 교육과정 체계는 일반적으로 세 가지 단계의 위계로 조직된다. 상위 단계는 지식과 기술에서 보편적이면서 가장 우선이 되는 수업을 제시하는 기준(standard)을 세분화한다. 다음 단계에서 벤치마크는 기준을 더 분명히 하기 위한 중간적인 단계의 세분화된 목표를 제시한다. 일반적으로 하나의 기준에 세 가지 혹은 그 이상의 벤치마크들이 제시된다. 가장 낮은 단계에서는 지표나 수행 기준이다. 지표는 기준에 대해 가장 세분화되고 직접적인 요소이며 학생들이 습득하도록 기대되는 다양한 기술과 지식의 하위 영역을 나타낸다. 각각의 벤치마크 수준에서 다양한 지표가 제시되고, 각 지표들은 일반적으로 각 학년 수준에 맞게 개발된다. [그림 4-2]는 워싱턴 주에서 수학 과목을 위한 필수 학습 요구 사항(Essential Academic Learning Requirements: EALRs)

[그림 4-1] 세 가지 종류의 정보에 대한 인지적 조작 활동

인지적인 조작 활동	각 유형의 정보에 대해 요구되는 인지 활동		
	사실	개념	원칙
반복 한다	교수를 하는 동안 제시되는 정보를 말 그대로 재생산한다. **예:** "올버니(Albany)는 뉴욕의 주도다."	개념과 정의된 성질을 말 그대로 재생산한다. **예:** "삼각형은 3개의 변을 가진 다각형이다."	규칙을 말 그대로 재생산한다. **예:** "기체를 가열하면 팽창한다."
요약 한다	조금 다른 형태로 사실을 재생산한다. **예:** "뉴욕의 주도는 올버니다."	다른 형태로 개념과 정의된 성질을 재생산한다. **예:** "세 변을 가진 도형은 삼각형이다."	다른 형태로 규칙을 재생산한다. **예:** "기체를 가열하는 것이 기체의 팽창을 유발할 것이다."
설명 한다	해당 사항 없음	이전에 접하지 않은 예들을 인식하거나 만들어 낸다. **예:** 삼각형을 그리라고 하면 학생이 삼각형을 직접 그린다.	규칙에서 설명된 관계를 보여 주는 예들을 제공하거나 인식한다. **예:** 풍선이 촛불 위에 있을 때 터지는 것을 학생이 관찰한다. 그다음에 원리를 말한다.
예견 한다	해당 사항 없음	다른 상황이나 미래의 어떤 시점에서 일어날 것을 말한다. 몇 가지 개념들을 가지고 할 수 있다. **예:** 교사가 막대기로 만들어진 사각형의 한 변을 없애고 남아 있는 막대기로 만들 수 있는 것이 무엇인지 학생에게 질문한다. 학생은 "삼각형."이라고 대답한다.	규칙의 첫 번째 부분이 주어지면 무슨 일이 일어날지에 대해 말한다. **예:** 교사가 "버너 위에 이 병을 올려두면 무슨 일이 일어날까요?" 하고 질문한다. 학생은 "내부 공기가 팽창하여 코르크 뚜껑이 날아가요."라고 대답한다.

으로 목록화된 기준과 벤치마크의 예들을 보여 주고 있다.

　벤치마크와 지표들은 기준에 맞는 숙달 정도를 얻기 위해 학생들이 해야 하는 것이 무엇인지에 대해 자세히 설명하고 있다. IEP 팀에게 유용한 정보를 만들어 내는 수행평가는 일반적으로 지표 단계에서 구성된다.

　예를 들면, [그림 4-2]의 첫 번째 기준을 기초로 한 수행평가에서 사각형의 둘레가 주어졌을 때 사각형 정원의 넓이를 계산해야 할 것이다.

[그림 4-2] 워싱턴 주의 7학년 수학 과목의 필수 학습 요구 사항과 벤치마크

수학 내용 기준	7학년 벤치마크
기준 1: 학생은 수학의 개념과 절차를 이해하고 적용한다.	
1.2 측정과 관련된 개념과 절차를 이해하고 적용한다: **사물의 속성과 차원**	• 도형의 둘레, 넓이, 부피 간의 관계를 이해한다. • 사물을 직접 측정하거나, 길이와 넓이가 주어진 사각형의 넓이를 찾아내기 위해 간접적인 방법을 사용한다. • 비율의 개념을 이해하고 비율을 계산하고 단위를 결정하는 방법을 이해한다.
기준 4: 학생은 일상적인 용어와 수학적인 용어로 지식과 이해를 의사소통한다.	
4.1 정보를 수집한다.	• 수집된 정보를 이용한 계획을 만들고 따른다. • 그림, 도표, 그래프, 과학적인 모형, 언어적인 설명, 상징적인 표시와 같은 다양한 자원들로부터 얻은 수학적인 정보를 이용하고 해답을 구하기 위해 읽기, 듣기, 관찰하기를 사용한다.
4.3 정보를 제시하고 공유한다.	• 일상적인 용어와 모형, 표, 도표, 그래프, 수학적 기호와 같은 수학적인 용어 모두를 사용하여 생각과 상황을 명백하고 효과적으로 설명하거나 제시한다. • 청중과 의도에 적절한 방법으로 수학적인 생각을 설명하고 제시한다.

촉진 문제. 촉진 문제(prompt)는 학생들이 풀어야 할 실질적인 질문이나 문제이며, 평가를 위해 기대되는 결과를 명확하게 설명한다. 촉진 문제는 과제를 완수하기 위해 학생들에게 기대되는 것 혹은 장려하는 것이 무엇인지와 어떤 자료나 결과물을 만들어 내야 하는지에 대해 학생들에게 명확하게 설명해야 한다. 촉진 문제는 어떤 과업을 "준비"하는 짧은 시나리오와 같이 문제에 대한 맥락을 제시함으로써 과제의 적합성을 확보해야 한다. [그림 4-3]에서의 농구장 문제는 이러한 모든 특성을 보여 주는 촉진 문제의 대표적인 예다.

[그림 4-3] 농구장과 관련된 촉진 문제

오늘 여러분은 농구장 계획하기에 대한 문제를 풀 것입니다. 이 문제에서 여러분이 측정에 대해 얼마나 이해하고 있는지와 이 문제에 대해 여러분이 가진 생각, 이해, 정확성에 대해 얼마나 잘 설명할 수 있는지에 대해 평가할 것입니다. 자와 계산기를 사용할 수 있습니다. 다음 문제를 읽고 문제를 해결하세요:

농구장

한나(Hanna)와 앤서니(Anthony)는 학교 가까이에 있는 주차장에 농구장을 만들고 있습니다. 학교는 농구 골대를 세울 것입니다. 그러나 학생들은 코트를 평평하게 만들어야 합니다. 다음은 코트의 치수와 표시에 대한 규칙을 설명한 것입니다.

코트는 길이 30야드, 넓이 16야드입니다. 중앙선은 코트 중심을 가로질러 표시되어야 합니다. 중앙원은 이 선의 중심에 4야드 지름으로 표시되어야 합니다. 골대의 위치는 코트 각 끝의 중간에 위치해 있어야 합니다.

한나는 실뭉치와 피트, 인치가 표시된 50피트 줄자를 가지고 있습니다.

1. 한나와 앤서니가 농구장을 만드는 데 50피트 줄자와 줄을 사용하는 방법을 그래프 용지 위에 도표를 그려서 나타내 보세요. 도표의 각 부분과 한나와 앤서니가 농구장을 만드는 과정의 각 단계에 이름을 붙여 주세요.
2. 줄이 그어진 종이 위에 한나와 앤서니가 농구장을 만들기 위해 할 수 있는 단계들에 대한 설명을 쓰세요.

촉진 문제를 통해 목표하는 내용과 기술들이 평가되는지를 확인하는 것은 중요하다. IEP 팀은 다음과 같은 내용을 포함하는 과제에 대한 설명을 개발해야 한다:

1. 수행평가를 통해 설명할 수 있는 지표들

2. 평가할 세부적인 내용 지식과 기술

3. 학생이 해야 할 활동, 행동 및 결과물에 대한 설명

4. 학생이 과제를 수행하는 데 필요한 자료

5. 일반교육을 받는 동일 학년 학생들의 수행을 기초로 설정된 적절한 결과물(목표)을 만들어 내기 위한 정확한 문제 해결 방법과 예시들에 대한 명확한 설명(과제는 평가 기준과 연관될 수 있도록 학생의 생각과 문제 해결 과정을 관찰 가능하도록 다양한 정확한 반응들을 허용해야만 한다)

6. 일반교육을 받는 동일 학년 학생들의 과제 수행에 필요한 시간의 정확한 산출(IEP 팀은 대상 학생이 과제를 완성하기 위해 필요한 시간을 측정하여야 하고 일반학생들이 필요로 하는 시간보다 더 많은 시간을 필요로 하는지에 대해 평가해야 한다)

7. 과제 수행을 위해 필요한 교사나 다른 학생의 지원 수준에 대한 명확한 설명(이론적으로, 과제는 학생의 독립적인 수행 정도에 대해 나타내는 것이고 학생과 함께 일하는 다른 학생이나 교사, 준전문가들에 대한 지식을 반영하는 것이 아니다)

[그림 4-4]는 워싱턴 주의 필수 학습 요구 사항을 기초로 농구장 문

[그림 4-4] 농구장 문제를 위한 과제 설명

평가된 지표나 벤치마크	**수학과 필수 학습 요구 사항 1. 2학년 벤치마크 7:** 사물과 대상을 직접 측정하거나 주어진 사각형의 길이와 폭을 이용하여 넓이를 찾아내는 것과 같은 간접적인 방법을 사용한다.
평가될 내용 지식과 기술	• 용어를 정의한다(예: 사각형, 원, 중심, 반 등). • 단위 간의 관계를 이해하고 단위를 바꾼다. • 길이와 지름을 정확하게 알아내기 위한 방법과 도구를 선택하고 사용한다.
학생 활동과 행동	학생은 주어진 코트의 크기와 기준을 가지고 농구장을 평평하게 만들기 위한 도표를 그리고 방법을 설명한다. 학생은 과제상에 포함된 단계들에 대한 설명을 쓰고 의사결정을 위한 논리적 근거를 제시한다.
산출될 결과	문제 해결을 위한 그래픽 자료 기술된 설명(2-3문단)
필요한 도구와 재료	그래프 종이(5 스퀘어/인치) 인치 자 연필 공책 계산기
정확한 해결 묘사	정확한 문제 해결 방법은 중앙선, 중앙원, 골대의 위치를 정확하게 표시한 농구장을 제시하는 것이다. 기술된 설명은 야드와 피트 간의 정확한 환산과 과제 완성을 위해 필요한 단계에 대한 설득력 있는 설명을 해야 한다. 적절한 측정, 환산 방법, 둘레와 넓이 계산을 위한 전략 사용 등을 기초로 한 논리를 제시한다.
일반학생 또래가 과제를 완수하는 데 필요한 시간	모든 단계 완성에 45분이 소요된다.
교사 혹은 다른 학생들에 의해 제공되는 지원	교사가 지시 사항을 읽어 준다.

제를 풀기 위한 과제 설명의 예들을 보여 주고 있다.

수행 기준. 교실 활동에 기초한 수행평가는 관찰해야 하는 수행 행동이 무엇인지와 수행 수준을 평가하기 위한 기준을 설정하기 위한 체계적인 과정을 필요로 한다. 수행 기준은 학생의 수행을 판단할 수 있도록 완성도를 나타내는 점수 배점이나 평정 척도를 제시한다. 〈Box 4. 1〉에서 제시된 예들을 다시 한 번 살펴보자. 첫 번째 세 가지 항목은 "정답" 혹은 "오답"으로 채점되지만 마지막 항목은 정보와 논의의 정확도에 따라 배점 기준이나 기준 척도를 근거로 평가된다. 평정이란 "할 수 있다 혹은 할 수 없다"의 양분적인 것이라기보다는 사고와 이해력이 다양한 수준에서 존재한다는 입장을 나타낸다. 모든 학생이 언어의 서식에 대한 복잡한 사고에 대해 다양한 수준에서 참여할 수 있다고 가정하지만 몇몇 학생은 더 복잡한 이해를 할 수 있고 더 효과적으로 그 지식들을 사용할 수 있다.

루브릭은 특정 평가 항목에 대해 반응 가능한 범위를 서술해 놓은 일련의 점수 배점과 관련한 지침이다. 일반적으로 루브릭은 학생의 결과물에 할당된 점수를 나타내는 기준과 그 척도상에서 각각의 점수에 대한 일련의 설명을 포함하고 있다. 일반적으로 학교에서는 3, 4, 5점 척도를 사용하고 가장 높은 점수가 가장 높은 수행 수준을 나타낸다.

루브릭을 이용한 채점이 이루어질 때 학생들은 종종 루브릭에서 배정된 특정 수행 기준에 "도달했는지" 혹은 "도달하지 못했는지"에 대해 평가를 받게 된다. 흔히 사용되는 3점 척도에서 중간 점수를 기준으로 높은 점수는 "평균 이상", 낮은 점수는 "평균 이하"다. 그러나 IEP 계획을 위해서 루브릭은 일반학생들의 수행상의 기본적인 요소에 대한 진단적인 정보를 제공하기 위해 구성되어야 한다. 척도에서 각각의 최종 점수는 적절한 수행 수준을 보이는 일반학생의 수행을 나타내는 가장 높은 단계를 포함하여 어느 정도의 수행 수준에 해당되는지에 대한 명확한 설명이 이루어져야만 한다. 척도의 다양한 점수에 대한 설명들 사이에는 직접적인 관련성이 있어야 한다. 일반적으로 의미 있는 배점 체계는 4점 척도로 구성되고 평가되는 수행의 복잡성에 따라 달라질 수 있다.

일반적으로 두 가지 범주의 루브릭이 있다: 총체적/분석적.

총체적 채점(holistic scoring)에서는 학생들의 수행에 대한 빠르고 전반적인 인상이 형성된 후에 다양한 능력 수준에 해당하는 모범 답안들이나 "채점 기준"에 따라 평가된다. 총체적 루브릭(holistic rubrics)을 만

Box 4. 2 총체적 채점 루브릭을 만드는 절차

Tindal와 Marston(1990)이 제안한 총체적 채점 루브릭을 개발하는 일반적 절차는 다음과 같다:

1. 집단 내에서 수행의 모든 결과물을 빠르게 살펴보고 개발하고자 하는 척도 상의 각 점수에 해당하는 1개 혹은 2개 정도의 행동 예시를 제시하라. 예를 들어, 4점 척도를 만들고자 한다면 척도상의 각 점수에 대해 2개의 예, 즉 총 8개의 예를 찾아내야 한다.
2. 해당 점수에 해당하는 행동 예시들을 검토하고 어떠한 특정 내용을 가지고 대표성을 지니는 척도를 만들지를 결정하라. 예를 들면, 쓰기 자료들을 평가하고 있다면 4장이라는 분량이 나타내는 특징이 무엇인지를 결정하라.
3. 척도상에서 각각의 최종 점수들을 나누는 특성에 대한 요약된 설명을 만들라.
4. 그룹 내의 나머지 학습 사례들을 검토하고 그것을 점수에 해당하는 행동과 요약된 설명들과 비교하라. 가장 유사한 점수에 해당하는 행동을 기초로 각각의 나머지 학습 사례들에 점수를 배당하라.

들어 내기 위한 일반적인 절차는 〈Box 4. 2〉에 제시되어 있다. 총체적 루브릭은 신속하게 개발될 수 있고 특정 학생 집단 내에서의 수행 범위에 대한 정보를 제공한다; 그러나 총체적 루브릭은 특정 교육과정 결과들과 관련된 학생 수행에 대한 정보를 반드시 제공하는 것은 아니다. 활동의 결과물들은 그룹 내의 다른 모든 결과물과 비교될 때에만 평가될 수 있고, 그래서 외부 기준과 비교했을 때에는 그룹 내에서 최상의 결과물조차도 특별히 좋지 않을 수 있다. 이것이 분석적 루브릭(analytic rubrics)이 내용과 수행 기준과 관련하여 학생 수행에 대한 결정에 있어서 더 유용한 이유다.

분석적 루브릭은 척도상의 각 점수에 대응하는 수행을 명확하게 묘사하는 일련의 선결된 기준을 제공한다. 학생 수행 이전에 만들어 놓은 이러한 기준은 평가되고 학습자가 더 능숙해지게 되는 과정을 따라 만든 수행의 연속 체계를 명확하게 기술하려고 한다. [그림 4-5]와 [그림 4-6]

[그림 4-5] 수학 문제 해결에 대한 채점 루브릭

점수	문제 해결 해석
3	학생은 모든 문제의 핵심적 내용을 인식하였다. 문제를 정확하게 분석하였고 복합적인 문제 해결 전략이 수립되었다. 모든 연산이 정확하고 적절한 논리나 설명이 증명되었다.
2	학생들은 문제의 가장 중요한 요소들을 인식하였다. 한 가지 이상의 문제 해결 방법이 사용되었고 마무리가 부족하거나 적절성이 부족하였다. 사소한 실수나 부정확한 가정이 보인다 하더라도 전반적으로 효과적으로 문제를 분석한다. 계산은 전반적으로 정확하다. 논리성이나 설명은 일반적으로 완벽하지는 않지만 정확하거나 논리적이다.
1	학생은 가장 표면적이고 명확한 문제 내용만을 인식하였다. 한 가지 문제 해결 방법을 제시한다. 문제에 대한 분석이 불완전하거나 잘못된 공식이나 틀린 가정에 기초하고 있다. 결과와 결론에 직접적으로 영향을 미치는 오류가 풀이 과정에 포함되어 있다. 논리적 근거나 설명이 최소한이거나 부재한다.

[그림 4-6] "문제를 도표로 제시하기"를 위한 분석적 채점 루브릭의 예들

점수	도표 해석과 관련된 문제 설명하기
3	학생은 정확하고 효과적으로 문제를 도표화하였다. 도표는 적절한 기준으로 그려졌거나 모든 범주가 정확하고 적절하게 도표 안에 포함되어 있다.
2	도표와 관련된 문제는 전반적으로 적절하다. 기준이나 범주가 부정확하게 그려졌거나 몇 가지 요소가 누락되거나 잘못 기입되었다.
1	도표는 문제에 근접하게 그려졌을 뿐이다. 기준이나 범주가 부정확하거나 학생이 문제를 정확하게 이해하지 못했음을 나타낸다. 주요한 요소나 세부 사항들이 누락되었다.

은 수학적인 문제 해결을 평가하기 위한 일련의 루브릭을 보여 준다.

잘 고안된 분석적 루브릭이 교육과정 결과와 직접적으로 연결되었을 때 학생 수행평가를 위한 명확한 기준을 제공할 수 있다.

잘 고안된 점수 배점을 위한 루브릭의 일반적인 특징은 다음과 같다:

- 일반교육과정 내에서의 진보를 관찰하기 위한 루브릭은 명확히 진술된 교육과정 기준과 연결되어야 한다. 효과적인 루브릭은 관련된 벤치마크나 지표를 포함한다.
- 잘 정의된 루브릭은 수행의 주요한 특징에 초점을 두는 설명적인 용어를 사용한다. 루브릭에서 어떠한 수행 영역이 평가되고 있는지가 명확해야 한다.
- 효과적인 루브릭은 학습 초보자에서부터 전문가에 이르는 연속적인 숙달 단계를 명확하게 나타낼 수 있어야 한다. 척도상에서 다양한 점수에 대한 설명들 간에 직접적인 관련성이 있어야만 한다.
- 하나의 루브릭은 하나의 수행 영역에만 초점을 맞추어야 한다.

하나의 영역 이상에서 평가가 중요하다면 각각의 영역을 위해 독립적인 루브릭을 사용해야 한다. 예를 들면, 의사소통 기술은 [그림 4-5]와 [그림 4-6]에서 제시되지 않았기 때문에 "수학 문제 해결에 대해 설명하기"에 대한 척도로서 다른 루브릭이 필요하다.

- 잘 만들어진 루브릭은 숙달도에 대한 정확한 변별력을 가져야 할 뿐 아니라 신뢰할 수 없는 점수 척도를 만들어서는 안 된다. 일반적으로, 루브릭은 3점 이하이거나 7점 이상의 점수를 사용하지 않는다. "0점"은 초보적인 수행을 보이는 학생들 중에서도 수행을 전혀 하지 않은 경우를 식별해 내기 위해 포함된다.

- 효과적인 루브릭은 학생이 사용하는 과정보다는 수행의 결과에 초점을 맞춘다. 학생들이 기울인 노력보다는 숙달 정도를 중요시한다. 예를 들어, 학생들의 노력이나 학생들이 활동에 보이는 참여도나 태도의 영역까지 평가하는 것은 효과적이지 못하다. 이러한 것들이 교수적으로 타당한 변인이라 하더라도 이러한 변인들이 수행에 대한 평가의 타당한 지침이 되지는 못한다.

- 루브릭은 학생들이 이후에 루브릭으로 평가될 기술이나 지식에 대해 학습을 하는 동안 학생들에게 정보를 공유해야 한다. 이 전략은 학생들에게 기대되는 숙달 정도와 교사가 가치 있게 생각하는 수행의 영역이 무엇인지에 대해 명확하게 의사소통하는 것이다. 루브릭을 만든 교사는 학생들에게 루브릭에 대해 의미 있고 쉽게 설명해 주어야 한다.

수행 기준(즉, 채점 루브릭)은 수행평가가 평가하고자 하는 각각의 지표를 위해 개발되어야 한다. 또한 각각의 독립된 루브릭은 "과학적 사고의 사용" "쓰기를 위한 계획" 및 "단어 분석하기"와 같이 평가 대

[그림 4-7] 수행 차원들, 간단한 시험 및 조정

차원	평가	간단한 시험	조정
유창성	학생이 빠르고 정확하게 수행할 수 있는가?	• 시간 제한과 시간 제한이 없는 수행 과제를 병행한 형태를 사용한다. • 정확도를 비교한다.	• 정확도를 측정할 때 더 많은 시간을 제공한다.
선수 지식	과제 수행에 필요한 선수 지식이 부족한가? 학생이 선수 지식을 배우고 있는가?	• 과제에 필요한 선수 지식을 먼저 가르친 후에 과제를 가르친다.	• 선수 지식과 관련된 참고 자료를 제공한다.
자기 조절 및 전략적인 지식	효과적인 자기 조절력과 문제 해결적인 전략을 가지고 있거나 혹은 사용하고 있는가?	• 오류 점검에 대한 동기를 촉진한다. • 과제를 수행하면서 소리 내어 생각하기 전략을 사용한다. • 전략 선택을 위한 명확한 방향성을 제공한 후 정확도를 채점한다.	• 기억 보조법, 문제 해결 순서도 혹은 자기 통제력을 돕기 위해 만든 과제물과 같은 교실 내 학습 활동 구조에서 초인지적 지원 전략을 제공한다.
지구력	학생이 과제를 완성하였는가?	• 작은 단계로 과제를 나누고 전체적인 결과를 관찰한다. • 과제를 점진적으로 늘리거나 단계적으로 복잡하게 제시하고 수행하지 못하는 부분을 기록한다.	• 작은 단위로 과제를 나눈다. • 하위 구성 요소를 완성하기 위한 자극을 제공한다.
제시 형태	학생들이 다른 형태의 수업에서 정보를 다르게 습득하는가?	• 다른 형태(예: 말하기와 쓰기 수업)의 수업에서 동일한 과제를 제시하고 결과를 관찰한다.	• 만들어 낸 결과물에서 보편적인 학습 설계 원칙을 사용한다.
반응 형태	다른 반응 형태에 따라 다르게 수행하는가?	• 다른 형태에서 동일한 반응을 이끌어 내고 결과를 관찰한다.	• 자료를 만드는 데 있어서 보편적인 학습 설계 원칙을 사용한다.

상이 되는 다양한 초인지 과정이나 문제 해결 과정을 위해 필요할 수 있다. 잘 만들어진 루브릭 채점표는 학생의 수행에 대한 기준이 될 만한 최초의 진단적인 정보를 제공할 것이다. 학생 수행이 표준 이하이면 일반적으로 팀은 조정이나 수정을 통해 다양한 측면의 수행에 대한 부가적인 정보를 수집하는 것이 필요하다.

특정 행동이나 지식 영역에 대한 정보를 수집하기 위한 간단한 시험을 실시하는 것이 효과적일 수 있다. 이것은 5분에서 20분 정도에 걸쳐 학생들이 완성하는 짧은 수행평가다; 이러한 평가는 조정이나 수정이 필요한 결정적인 수행 영역을 찾아낸다. [그림 4-7]은 평가 결과를 바탕으로 제시하고 있는 몇 가지 수행 영역, 간단한 시험 절차, 가능한 조정의 예시들을 보여 주고 있다.

학생의 장애가 일반교육과정에서 학업 성취와 기능적 수행에 어떠한 방식으로 영향을 미치는가?

학업적인 성취에 있어서 학생의 장애는 명백히 영향을 미친다. 분명히, 감각장애나 운동장애가 있는 학생은 장애가 있는 부분을 보상하기 위한 지원을 필요로 할 것이다. 그러나 IEP 팀이 직면한 가장 어려운 문제 중의 하나는 언어, 사회적 계층, 이전의 교육적 기회, 문화, 다양한 가정적 요인과 같은 학업적 수행에 영향을 미치는 다른 요인들과 장애의 직접적인 영향을 분리하는 것이 상당히 어렵다는 것이다. 이러한 문제는 "학습장애"로 판별된 학생의 요구를 파악하고자 하는 경우에 특히 어려움을 갖는다. 왜냐하면 특수교육에서 학습장애 범주의 학생을 판별하기 위한 주요한 기준은 지능지수와 학업 성취도 간 격차 요인이

기 때문이다. 학생의 지능검사와 학업 성취도 검사상 점수 사이의 단순한 차이는 교육적인 프로그램을 만드는 데 타당한 정보를 제공하지 못한다. 예를 들면, 지난 10년간의 연구에서, 지능지수와 학업 성취도 간 격차를 가진 읽기 능력이 부족한 아이들은 그러한 격차를 보이지 않는 빈약한 읽기 능력을 가진 아이들과 다르지 않았다(Fuchs, Mock, Morgan, & Young, 2003).

최근에, 전미특수아동협회(Council for Exceptional Children), 전미학교심리학자협회(National Association of School Psychologists), 전미특수교육주책임자협회(National Association of State Directors of Special Education)를 포함한 많은 전문가 단체는 IEP 팀이 학생이 특수교육을 필요로 하는지를 결정할 때와 개별화교육프로그램을 계획할 때, 일반교육과정에서 학생의 **중재에 대한 반응성(responsiveness to intervention: RTI)**에 초점을 두는 접근을 지지하고 있다. 덧붙여서 2004년 미국장애인교육법은 아동낙오방지법에 의해 정의된 것과 같이 읽기에 있어서 "적합한 교수"(appropriate instruction)의 조항을 요구하는 세부적인 조항들을 포함하고 있다:

1. 학생들은 일반학급에서 양질의 교육 프로그램을 받는다. 양질의 프로그램은 일반적으로 대부분의 학생에게 타당하고 효과적인 것이다.

2. 학생 진보는 지속적으로 관리되어야 한다. 교육과정에 기초한 평가는 이러한 목적을 위해 실시되어야 한다. 다음 부분에서 교육과정에 기초한 평가에 대해 토의할 것이다.

3. 일상적인 관찰 기간 동안 진보가 이루어지지 않는 것으로 확인된 학생들은 대부분의 학생이 받는 교육과는 강도에 있어서 차이가

있는 추가적인 교육적 지원을 받아야 한다(Barnett, Daly, Jones, & Lenz, 2004). 이러한 추가적 지원은 추가적인 교수 시간이나 학급 담임 이외의 전문가의 참여 형태를 취한다.

4. 지속적으로 진보를 보이지 않는 학생들은 특수교육이나 특수교육 평가 대상자로 적격한 것으로 간주될 수 있다.

중재에 대한 반응성(RTI)을 실시하는 데 두 가지 접근이 있다. 한 가지 접근법은 일반교사와 행정가가 학생의 빈약한 수행을 설명할 수 있는 교수적인 변인과 학생 변인을 찾아내기 위한 문제 해결 과정에 참여하고 찾아낸 문제들을 교정하는 적절한 계획을 개발하는 것이다. 문제 해결은 특수교육 전달 체계에서 의뢰 전 중재와 자문 모델들과 관련된다.

중재에 대한 반응성을 위한 두 번째 접근법은 일반학급에서 제공되는 교수가 효과적이고 적절하게 실시되고 있다고 가정하는 것이다. 사실상 미국장애인교육법(PL 108-446)은 장애학생에게 사용하는 중재들이 광범위하게 실행되기 위해서는 **동료 평가된 연구**에 기초할 것을 요구하고 있다. 이것은 효과성이 입증된 교수를 받지 못하거나 충분한 기회를 갖지 못하였다면 장애를 가진 것으로 판별되는 것은 부적절하다는 것을 의미한다. 중재에 대한 반응성을 실행하는 프로그램들은 동일한 환경에 있는 학생들이 모두 경험적으로 타당화된 동일한 중재를 받는 표준적인 절차에 따라 운영되어야 한다. 예를 들면, 1학년의 읽기 과목에서 진전이 없는 학생들은 직접적이고 명확한 음운 중심의 읽기 교수와 관련된 집중적인 프로그램에 참여한다. 표준적인 절차에 따른 접근에 대한 지지자들은 연구에 의해 타당성을 인정받은 중재라면 대부분의 학생은 효과적인 교수 프로그램에 참여할 수 있고 특수교육에 잘

못 의뢰되는 학생도 거의 없을 것이라고 주장한다.

IEP 팀은 학생이 갖는 장애의 영향을 결정하고 일반교육과정에서 학생이 진보하도록 돕는 조정과 수정을 결정하기 위해 노력함으로써 여러 가지 중재에 대한 반응성 모델이 보편화될 수 있게 한다. 그것들에 대한 간략한 논의는 다음과 같다.

1. **강도를 다양화한 다양한 수준의 학생중심 중재.** 이 전략의 기본적인 요소는 학생의 진보가 이루어지지 못하고 있는 학업적인 수행에 대한 과제 분석을 포함하고 체계적인 중재는 그러한 과제 분석에 초점을 둔다는 것이다. 지속적인 진보에 대한 관찰은 중재 변화의 직접적인 영향을 평가하기 위해 사용된다.

2. **교수적인 강도 차원들(기간, 빈도 및 시간)에서 체계적으로 다양화된 중재.** 이것은 일반학급에서 실시되는 수업이 질적으로 우수하며 대부분의 학생들에게 효과적이라고 가정한다. 그러므로 특정 학생이 학습적인 발전이 없을 때 살펴보아야 할 첫 단계는 교수 프로그램의 본질적 특성보다는 중재 강도에 초점을 맞춘다. 예를 들어, 일반 수학 교육과정 프로그램이 기본 연산에 대한 교수를 한다면, IEP 팀은 학생이 기본 연산에 대한 수업을 받는 주당 시수와 매일의 수업 시간을 늘릴 수 있다. 학생들이 수행평가(예: 수학 개념 시험)에서 진전을 보이기 시작한다면 더 집중적인 교수 프로그램이 효과적임을 입증할 수 있다.

3. **차별화된 교육과정의 실행.** 진전이 없는 학생들을 위해 차별화된 프로그램을 실시하는 것이다. 만약 "하나로 모두를 충족하는" (one size fits all) 교육과정이 모든 학생에게 효과적일 것을 기대

한다면 학생 진보의 결여가 장애의 결과인지 혹은 교육과정의 결과인지 여부를 결정하는 것이 매우 어려울 것이다.

4. **일반교사와 다른 전문가가 제공하는 교수적인 지원.** 학생들이 특정 중재에 얼마나 잘 반응하고 있는지를 알아보기 위해 요구되는 시간과 자원은 일반교사가 활용 가능하다고 생각하는 것보다 일반적으로 훨씬 더 많다. 논쟁의 여지가 없는 중재에 대한 반응 절차는 없다는 것에 주목해야만 한다. 적격성 판별의 절차로서 혹은 교수적 프로그램 실행의 충실도가 엄격히 통제되지 않는 상황에서 중재에 대한 반응성 절차가 광범위하게 실행되는 것에 대해서는 비판적 견해를 보이기도 한다(Gerber, 2003). 반면에 중재에 대한 반응성 절차가 강조하는 것은 일반학급에서 실행될 수 있는 중재라는 점과 일반교육과정 내에 모든 학생의 학업 성취의 두 가지 측면이다. 우리는 중재에 대한 반응성 절차의 이러한 측면이 IEP를 계획하는 팀을 위한 의미 있는 정보를 제공할 수 있는 접근이 될 것이라고 믿는다. 나아가 2004년 미국장애인교육법 조항은 이 접근을 지지하고 있다.

일반교육과정에서 학생은 진전을 보이고 있는가?

일반교육과정에서 학생의 진보를 평가하는 데에는 다양한 평가 전략을 사용한다. 단일한 평가 방법은 충분한 정보를 제공하지 못할 것이다. 그러므로 교사는 다양한 평가 절차가 모두에게 적절한지 살펴보는 것이 중요하다.

학생들의 진전 여부를 결정하기 위한 첫 번째 단계는 평가할 내용에 대한 참조할 만한 기준을 설정하는 것이다. 참조 기준(a reference standard)이란 측정 대상을 비교하거나 "참조"할 수 있도록 단순화된 일종의 단위다. 요리책에 있는 성분들을 측정하기 위해 계량컵을 사용하는 것과 같이 하나의 목재를 측정하기 위해 사용되는 줄자가 척도가 되는 것이다. 교육에서는 세 가지 유형의 척도가 일반적으로 사용된다: 규준(norm), 준거(criterion) 및 개인(individual). 규준 참조는 특정 집단의 수행 수준과 개인의 수행을 비교하는 것이다. 준거 참조는 목표 혹은 루브릭 채점표나 평정 척도 같은 수행 척도와 학생의 수행을 비교하는 것을 필요로 한다. 개인 참조는 같은 과제에 대한 학생의 이전 수행 정도와 특정 시점에서 학생의 수행에 대한 비교를 의미한다. 이러한 세 가지 기준 척도는 다음 부분에서 논의될 것이다.

규준 참조적 결정

규준 참조적(norm-referenced) 평가 도구는 특정 학생이나 학생 집단과 규준 집단과의 차이를 파악할 때 중요하다. 규준 참조는 특정 학생이 다른 학생들과 얼마나 "다른가"에 대한 판단을 내리도록 하는 평가 도구다. 개인의 점수는 규준 집단의 평균에서부터 더 많은 격차를 보이는 점수 범위 내에 분포되어 있다. 예를 들면, IEP 팀이 특정 학생이 학생의 동료들과 비슷한 수준인지를 알고 싶을 때, 규준 참조 측정은 학생의 수행과 규준 집단의 수행 간의 차이에 대한 정보를 제공할 것이다.

Iowa Test of Basic Skills(Hoover, Hieronymus, Frisbie, & Dunbar, 1993)나 Terra Nova CAT/6(CTB McGraw-Hill, 2000)과 같이 출판된 대부분의 규준 참조 검사는 다양한 범위에 있는 대상의 광범위한 샘플들에 대한 규준을 만들었다. 검사 항목들은 규준 집단에 의해 획득된 점수의 분포가 정상 분포 형태가 될 때까지 수정되고 첨부되고 삭제되었다. 이것은 일반적으로 "종형 곡선"과 유사한 형태다. 규준 참조는 어느 누가 검사를 실시하더라도 같은 조건에서 검사가 이루어지도록 하기 위해서 표준화된 실행과 채점을 필요로 하기 때문에 이러한 시험은 일반적으로 "표준화된 검사"라고 말한다.

정상 분포의 통계학적인 특성은 대부분의 교사가 익숙하게 규준 참조의 의사 결정을 할 수 있도록 한다는 것이다. 모든 정상 분포는 대칭적이어서, 평균에서 ±1 표준편차 내에 거의 68%가 포함되고, ±2 편차 내에 거의 96%가 포함된다. 평균보다 1 표준편차 아래의 점수는 시험에 참가한 규준 집단 내의 사람들 중 84% 이하라는 것이다. 예를 들면, 평균값이 100, 1 표준편차가 15인 규준 참조 지능검사에서 70점을 획득한 경우, 검사에 참여한 사람의 단지 16%만이 더 낮은 점수를 받는다는 것이다. 많은 교사는 이러한 수행을 한 개인이 특수교육에 대한 적격성을 가질 만큼 "충분히 다른" 것이라고 생각한다.

표준화된 검사는 종종 학교 수행을 평가하기 위해 사용된다. 이것은 전국의 규준 집단 점수와 학교 내 학생의 점수를 비교하기 위해 실시된다. 그러나 이러한 검사는 특정한 학습의 결과와 관련되지 않고 어떠한 교육과정 자료를 기초로 하고 있지 않다. 그러므로 학교에 있는 모든 학생이 각 규준 집단의 평균 이상의 점수를 얻을 수 없고 지역적인 교육과정 목표에 대한 진전 정도를 확인할 수도 없다.

특수교육을 위한 적격성 여부에 대한 결정은 규준 참조 평가에 의존하는 경향이 있는 반면, 규준 참조는 일반교육과정에서 학생의 진보에 대한 판단을 내리는 데 사용하기에는 한계가 있다. 규준 참조 평가는 특정 기술이나 내용 영역에서 학생의 현재 학업적 성취와 기능적인 수행과 관련한 유용한 정보를 제공하지 못한다. 또한 학생이 다음에 무엇을 배워야 하는지에 대해 교사가 결정하는 데 도움을 주지 못한다. 이러한 유형의 문제는 준거 참조적 평가의 사용을 통해 보완할 수 있다.

준거 참조적 결정

준거 참조적(criterion-referenced) 평가는 특정 영역의 고유한 특성과 관련된 개인의 수행을 비교하는 것을 의미한다. 초기에 준거 참조적 검사는 특정 기술이나 내용 영역에서 대표적인 완벽한 수행이라고 간주되는 목표들의 목록을 만들어 사용하였다. 검사 항목들은 각각의 목표, 학생들이 이미 습득한 항목, 학생들이 습득해야 하는 항목들을 평가하기 위해 개발되었다. 습득/비습득의 기준은 일반적으로 평가 개발자의 전문가적인 판단이나 몇 가지 기준 형성 과정을 통해 만들어진다.

오늘날 주로 사용되는 학교 책임 평가들은 준거 참조적 검사의 목적에 따라 다양하다. 그러나 오늘날 읽기, 쓰기 및 수학과 같은 영역은 분리된 교수 목표보다는 교육과정 기준, 벤치마크, 지침들에 의해 제시된다. 학교는 주 단위 평가에서 측정하는 다양한 교육과정 기준에서 제시된 일련의 숙달 수준을 습득하였거나 도달한 학생 수를 기초로 평가받는다.

준거 참조적 평가는 학생들이 일반교육과정에서 진전을 하고 있는지 여부를 결정하기 위해 실시된다. 추가적으로 교육 프로그램에서 효과적으로 학습하는 학생들은 제시된 교육과정 내용 기준상의 더 많은 부분을 학습할 것이라고 기대한다. 그러한 성장을 보이지 않는 학생은 일반교육과정에서 진보를 하고 있는 것으로 볼 수 없다.

준거에 기초한 수행평가를 설명할 때 주의해야 할 것은 루브릭상의 점수는 단지 완성 수준의 연속선상에 있는 단계를 나타낼 뿐이며 루브릭이 등간척도가 아니라는 것이다. "1점"과 "2점" 사이의 차이는 "4점"과 "5점" 사이의 수행 차이보다 더 클 수도 있다. 또한 루브릭이 단기교수보다는 광범위한 교육과정을 기준으로 한다면 4-6개월 미만의 기간에 이루어진 성장에 대해서는 민감하게 반응하지 못한다. 최상의 교육 조건에서조차 루브릭 척도상의 한 점수를 올리는 데 몇 달이 걸릴 수도 있다. 물론 교수가 효과적이지 않다면 그 이상의 기간이 필요할 것이다. 어떠한 경우에 교사가 성장을 측정하기 위해 루브릭만을 사용한다면, 특정 학생이 일반교육과정에서 진보하지 않는다는 것을 교사가 발견하기 전에 너무나도 많은 시간을 허비하게 될 것이다. 이것이 IEP 팀에게 준거 참조적 수행평가와 동시에 개인 참조적 평가를 사용할 것을 제안하는 주요한 이유다.

개인 참조적 결정

개인 참조적(individual-referenced) 결정은 학생의 이전 수행과 현재의 수행을 체계적으로 비교하는 것을 말한다. 개인 참조적 평가는 모든 교수가 완료된 후라기보다는 교수가 진행되는 과정에 교수의 효과가 평가되기 때문에 "형성 평가"라고 말하기도 한다. 평가에서 학생이 학습되지 않고 있다고 인식되면 교수는 수정된다. 개인 참조 평가 도구는 학생이 광범위한 교육과정 결과의 하위 요소가 되는 특정 결과들을 향해 진전을 하고 있는지 여부를 알려 준다.

개인 참조적 평가는 교육과정 중심 평가(curriculum-based measurement: CBM)와 관련된 절차를 사용함으로써 특수교육의 IEP 목표를 성취하기 위해 진전이 이루어지고 있는지를 관찰하기 위해 사용되어 왔다. 교육과정에 기초한 평가는 개인 참조적 자료를 수집하기 위해 충분히 연구된 전략이고 중재에 대한 반응성 절차의 하나로 통합된 부분이다. 교육과정 중심 평가는 원래 미네소타 대학교 학습장애연구소의 Stanley Deno와 그의 동료들에 의해 개발되었는데, 그것은 학생의 학습에 대한 데이터 기반 결정(data-based decisions: 읽기, 쓰기 표현, 수 계산 및 철자와 같은 주요 기초기술)을 하게 하는 기술적으로 적절한 방법으로 알려졌다. 교육과정 중심 평가와 관련하여, 학생들은 지역사회 공립학교의 교실이나 학교에서 사용하는 교육과정 자료들로부터 추출된 간단한 시험에 직접적으로 참여하여 시험을 치른다. 교육과정에 기초한 평가를 위한 시험의 실시와 채점은 표준화되고, 학생 수행을 평가하기 위해 사용된 준거는 정확성보다는 유창성이다.

교육과정 중심 평가를 개발하는 데 있어서 Deno(1985)의 기본 신념은 의료 전문가들이 신체적 건강을 점검하기 위해 사용하는 맥박, 체온, 혈압의 측정과 비슷하게 학생의 기본적인 학업적 신호들을 교사들이 신속하게 측정할 수 있도록 하는 것이었다. 읽기에서 학생들은 1분 동안 구어로 읽는다. 쓰기 표현에서 학생들은 내용에 대한 자신의 감상을 3-5분 동안 글로 쓴다. 철자 쓰기에서, 학생들은 받아쓰기에서 제시된 10-15개의 단어를 쓴다. 수학 연산에서는 기초적인 연산 시험(덧셈, 뺄셈, 곱셈 및 나눗셈)을 3-5분 동안 완수한다. 두 번째 단계에서, 교육과정에 기초한 평가에서는 교육과정 내용 자료에서 채택된 미로 문제와 어휘 연결 과제를 실시한다(Espin, Scierka, Skare, & Halverson, 1999). 이러한 측정들은 우리가 이미 논의한 주관적인 평정 척도보다는 객관적인 채점 절차를 사용한다. 예를 들면, 읽기는 1분 동안 정확하게 읽은 단어의 총수로 평가되고, 수학은 정확하게 기입한 숫자의 총수, 쓰기 표현은 정확하게 철자 쓰기를 한 단어나 정확한 문장의 비율로 평가된다.

이러한 측정은 수행평가를 형성하는 사고력과 학습 과정에 대한 광범위한 평가라기보다는 학생의 교육적인 수행에 대해 "빠르고 간편하게" 정보를 제공하는 경향이 있다. 학생의 신체적 징후들이 정상이라면 더 이상의 평가는 불필요하다. 그러나 이런 간편한 확인 과정에서 학생들이 어려움을 보인다면 부가적인 광범위한 평가가 실시되어야 할 것이다.

교사들은 일반적으로 자료의 시각적인 분석이나 컴퓨터 프로그램의 도움을 통해 이러한 신속한 평가를 실시한다(Fuchs, 1998). 시험은 각 주마다 실시되고 점수는 [그림 4-8]에서와 같이 그래프에 표시된다.

이 그래프는 한 주마다 실시된 5분짜리 쓰기 시험에서 정확하게 철자를 쓴 비율을 보여 주고 있다. 첫 주에 학생이 글쓰기에서 쓴 단어의 20%가 정확한 철자였다. 9주째에 학생은 시험에서 35%의 단어를 정확하게 썼다. 이 그래프가 학년 기간 전체를 그린 것이라면, 목표선은 학년 초의 학생 수행 수준에서부터 학생의 연간 목표에서 제시된 수행 수

[그림 4-8] 개인 참조적 자료

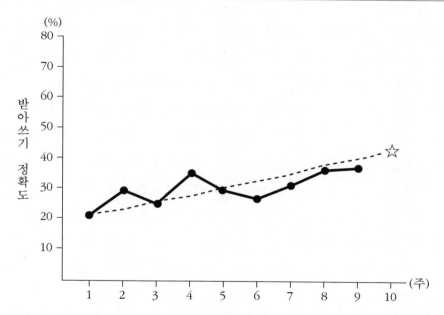

이 그래프는 10주 동안 한 학생의 맞춤법 진전 과정을 보여 준다. 각 점은 주마다 실시된 받아쓰기 시험에서 철자를 정확하게 쓴 비율을 나타낸다. 첫 주 동안 학생은 받아쓰기 시험에서 20% 정확하게 단어를 썼다. 9주에는 29% 수준에서 단어를 정확하게 썼다. 별표와 함께 점선으로 표시된 것은 10주 동안에 학생이 성취할 목표 수준을 나타낸다. 2주와 4주의 학생 자료만이 "목표선"을 넘었고 나머지 주에서는 그 이하였다. 이것은 학생이 10주간의 철자와 관련된 목표를 성취하지 못했음을 의미한다.

준으로 진보하는 기울기를 보여 줄 것이다. 이러한 경우에 장기 목표는 학생이 쓰기 시험에서 단어의 100%를 정확하게 철자하는 것이다.

목표선(aimlines)은 교수의 효과성을 평가하기 위한 의사 결정 방법을 개발하는 데 도움을 준다. 여기에 전형적인 의사 결정 방법이 있다: "3개의 점수가 일관되게 목표선 이하일 때 교수의 변화가 필요하다; 학생의 진보에 있어서 3개의 점수가 일관되게 목표선 이상일 때 더 높은 목표를 세워야 한다." 이러한 의사 결정 방법에 따라 [그림 4-8]에서 보여 주는 그래프가 제시하고 있는 자료는 교수의 변화가 필요함을 알 수 있다. 학생이 안정적인 진전을 하고 있다 할지라도 수행이 4주 동안 일관되게 목표선 이하다. 이러한 성장 비율이 학년 전체 동안 나타난다면 학생은 5분 동안 쓰기 시험에서 단어의 100%를 정확하게 철자 쓰기할 수 있다는 연간 목표를 달성하지 못할 것이다. 학생의 수행이 마지막 3-4주 동안 목표선 이상을 유지해 왔다면, 교사는 새로운 목표(예: "모든 단어를 정확하게 쓰고 5분 쓰기 시험의 구두점이나 대문자 쓰기에서 3번 이하의 오류")를 수립해야 한다.

개인 참조적 평가는 일반적으로 광범위한 교육과정 목표와 벤치마크의 하위 구성 요소들인 선수 기술들에 초점을 둔다. 예를 들면, 수학적 문제 해결은 정확한 연산을 요구한다. 연산 오류가 학생의 수학적 문제 해결상의 빈약한 수행에 지속적으로 영향을 미친다면 교사는 주 단위로 수학 연산 시험을 실시하여 학생의 이러한 수학 수행과 관련된 단일 영역을 모니터해야 한다. 마찬가지로 교사는 주 단위로 소리 내며 읽는 유창성 시험을 실시함으로써 학생의 읽기 유창성(가장 복잡한 수행 과제를 위해 요구되는 사전 기술)을 모니터할 수 있다. 학생이 연산이나 읽기 유창성에서 충분한 발전을 하지 못하는 것이 개인 참조적 평가에서 명확하게 확인되었다면 교사는 교수를 변화시켜야 한다.

개인 참조적 평가를 사용하기 위한 일반적인 절차는 다음과 같다:

1. 평가하고자 하는 일반적인 결과를 구체화한다. 이것은 광범위한 교육과정 목표의 하위 영역이다. 쓰기 표현, 수학 문제 해결, 저학년의 읽기를 위한 읽기 이해나 유창성, 고학년을 위한 읽기 이해 같은 영역을 예로 들 수 있다. 종종 교육과정의 영역과 위계는 이러한 과정을 진행하는 데 도움을 줄 수 있다.

2. 일반적인 결과의 주요한 지표가 되는 과제를 확인한다. 지표는 기대되는 일반적인 결과가 아니다; 그것은 단지 상호 관련성이 있는 것이다. 예를 들면, 음성적 읽기 유창성은 읽기에 대한 다른 평가(예: 이해) 및 교사 평정과 상관관계가 있다. 마찬가지로 연산은 수학적 문제 해결의 지표가 될 수 있다. 짧은 해설적인 작문은 더 일반적인 쓰기 능력의 지표가 될 수 있다.

3. 일반적인 결과의 지표로서 채택한 과제에 대한 학생의 현재 학업 성취 수준을 확인한다. 이 단계는 일반적으로 과제에 대한 하나 혹은 그 이상의 과제에 대한 직접적인 측정을 실시하는 것을 말한다. 예들 들면, 2분 단위로 더하기, 빼기, 곱하기 혹은 나누기 시험을 실시하여 수학 연산에서의 학생의 현재 학습 성취 수준을 판단할 수 있다.

4. 측정하고자 하는 결과에 대한 장기 목표를 확인한다. 규준에 따라 혹은 전문가적인 판단을 통해 목표가 수립된다. 지역적인 규준은 특정 학년에서 소규모의 일반적인 학생 집단을 기준으로 수립될 수 있다. 예를 들면, 일반적인 4학년 읽기 내용을 구성하기 위해 중간 수준의 읽기 수준에 있는 학생들이 1월 말(혹은 대략 학년의 중간 시기)까지 유창하게 읽어야 하는 짧은 글을 1분 동안 소리 내어 읽게 할 수 있다. 교육과정에 기초한 평가를 사용함

으로써 더 정확하고 확고한 학교 교육이나 엄격한 규준의 적용이 가능하지만 이러한 노력에 필요한 자원을 투자해야 하는 것을 감안한다면 얻는 것보다 잃는 것이 더 많을 가능성도 있다. 학생이 동급생의 학년 수준 이하의 수행을 보일 때, 유용한 목표 수립을 위해 통합 학년적인 지역 규준을 개발한다.

5. 과제 측정을 위한 대안적 형태의 시험을 개발한다. 이러한 시험은 목표 문제들을 대표해야 한다. 예를 들면, 현재 두 자리와 세 자리 수의 뺄셈 문제에서 20% 정도의 정확도를 보이는 학생이 100%의 정확도로 문제를 풀어야 한다면, 학생의 현재 교수 수준에 상관없이 두 자리 수와 세 자리 수 뺄셈에 대한 대안적인 형태의 시험이 실시될 수 있다. 교수가 효과적이라면 교수 시간을 늘려 주면 학생은 목표를 향해 꾸준히 진보해 갈 것이다. 한 자리 수 빼기 개념에 대한 평가만 실시된다면 학생은 측정 도구의 평가 범위를 곧 넘어설 것이다. 이것은 어린이 침대맡에 붙여 놓은 키 재기 표와 비슷한 것이다. 키 재기 표가 1m밖에 되지 않는다면 아이들은 실제로 그것보다 더 크게 자랄 것이고, 새로운 키 재기 표가 필요할 것이다. 개인 참조적 평가를 위한 시험을 개발하는 데 있어서의 개념은 시작점에서부터 키 재기 표를 충분하게 긴 것으로 선택하자는 것이다.

6. 표준화된 조건하에서, 주 단위 시험을 실시한다. 연습이나 기억의 효과를 피하기 위해 매주 다른 시험을 사용한다. 일반적으로 두 달 정도 후에는 다시 같은 시험지를 사용할 수 있다고 생각한다. 그러므로 전 학년 동안 일반적으로 12-15가지 정도의 시험지가 필요하다. 의미 있는 판단이 이루어지기 위해서 각각의 시험에 대한 관리가 동일하게 이루어지는 것은 필수적이다. 첫 주에 3분

동안 쓰기 시험을 실시하고 다음 주에는 10분 동안 쓰기 시험을 치렀다면, 2개의 쓰기 시험에서 의미 있는 차이를 발견하는 것은 어렵다.

7. 목표선을 포함하여 그래프상에 주간별 평가 자료를 기입한다. 자료에 대한 시각적인 분석은 일반적으로 최상의 학습 상태의 기울기나 경향성을 평가하는 데 사용된다. 이것은 빈번하게 기록할 수 있는 하나의 단순한 절차다. 이러한 과정에 대한 더 많은 정보를 얻기 위해 Tindal과 Marston(1990)이나 Howell과 Nolet(2000)의 연구를 살펴볼 필요가 있다.

8. 5 혹은 6가지 정도의 자료가 수집된 후에 평가를 하고 의사 결정 원칙을 적용한다. 일반적으로 학생들이 충분한 진보가 이루어지지 않고 있을 때 교수적인 변화가 필요하고 학생들이 목표선을 초과하고 있다면 더 높은 목표가 세워져야 한다.

　일반교육과정에서 진보를 평가하는 것은 이러한 모든 방법을 결합한 통합된 평가 프로그램을 요구하지만, 이러한 방법 모두를 매일 사용할 필요는 없다. 평가가 교수를 우선해서는 안 된다는 것을 기억해야 한다. **확실하지 않으면, 가르쳐라.** 평가는 교수가 효과적인지를 알아보기 위한 하나의 방법에 지나지 않는다. [그림 4-9]는 일반교육과정에서 학생들의 성공을 감독하기 위해 논의되어 온 방법들을 사용하기 위한 일정을 제안한다.

[그림 4-9] 진보의 모니터링 방법 사용을 위한 일정의 제안

빈도	절차	목적
매 2년 혹은 3년마다	수행평가와 채점 기준표를 활용하여 주가 규정한 학교 책임 평가를 실시한다.	교육과정 준거와 벤치마크를 교수하는 데 있어서 학교의 효과성을 평가한다.
1년에 한 번	출판된 준거 참조적 성취도 검사를 실시한다.	국가 단위 규준 집단과 특정 학교 혹은 학급 학생을 비교한다.
1년에 3-4번	교육과정 기준과 벤치마크들과 연관되어 자체적으로 개발된(지역구, 학교, 교사) 수행평가를 실시한다. 채점 기준표를 사용하고 개별 학생의 진보를 모니터한다.	교육과정 체계 내에 포함된 복잡한 사고와 문제 해결력의 사용에 대해 평가한다.
한 달에 한 번	쓰기 표현, 수학 문제 해결과 같은 하위 구성 요소 기술에 대한 교육과정 중심 평가를 실시한다. 객관적인 채점 절차와 결정 규칙을 사용한다.	폭넓은 교육과정 결과의 하위 구성 요소가 되는 기술에서의 진보를 모니터한다.
한 주에 한 번	읽기 유창성, 수학 연산, 어휘 같은 기본 기술에 대한 교육과정 중심 평가를 실시한다. 객관적인 채점 절차와 결정 규칙을 사용한다.	넓은 영역의 수행과 관련된 기본 기술의 습득을 모니터한다.

5

일반교육과정 접근과
개별화교육프로그램

제5장 일반교육과정 접근과 개별화교육프로그램

개별화교육프로그램(Individualized Education Program: IEP)은 아동의 "무상의 적합한 교육"에 대한 권리를 묘사하는 개별적으로 작성된 교육 프로그램의 진술문이다. IEP는 특수교육 법과 실제의 토대다. IEP는 장애를 가진 모든 학생이 일반교육과정으로의 접근을 설계하는 도구다. IEP는 미국장애인교육법하에 특수교육과 관련서비스를 받는 모든 장애학생마다 매년 반드시 개발되어야 한다. IEP에는 제공될 전문적인 중재뿐 아니라 달성해야 할 측정 가능한 학업적 및 기능적 목표들이 포함되어야 한다. IEP는 개별 학생에 대한 신중한 평가에 기초하고, 다학문적이고 가족을 포함하는 계획 과정의 정점이 되어야 한다.

IEP는 교수 설계를 위한 도구로 사용하기 위한 것이며, 일반교육의 기준 및 일반교육과정으로의 학생 참여와 진전에 초점을 둔다. 이들 요소는 다음을 포함한다:

- 아동의 장애가 일반교육과정으로의 참여와 진전에 미치는 영향을 명시하는 아동의 현재 학업적 성취 및 기능적 수행 수준의 진술
- 측정 가능한 연간 목표, 대안적 평가에 참여할 소그룹의 학생을

위해 아동의 장애에서 파생되는 다른 교육적 욕구뿐 아니라 아동이 일반교육과정에 참여하고 진전을 이룰 수 있게 하기 위해 설계된 대안적 성취 기준, 목적 혹은 벤치마크의 묘사

- 아동에게 제공될 특수교육과 관련서비스, 추가적 지원 및 서비스에 대한 진술(검증된 연구와 실제에 기초한)
- 아동이 연간 목표를 향해 적절하게 진보하고, 일반교육과정에 참여해 발전하고, 과외 활동과 다른 비학업적 활동에 참여하고, 장애 혹은 비장애 아동들과 함께 교육받고 참여하기 위해 요구되는 학교 교직원을 위한 프로그램 수정 혹은 지원에 대한 설명
- 해당 사항이 있는 경우, 아동이 비장애아동들과 함께 일반학급 활동에서 참여하지 않는 범위에 대한 설명

또한 IEP는 아동이 주(혹은 지역구) 평가 과정에서 받게 될 모든 조정을 포함해야 한다. 만약 IEP팀에 의해 아동이 주 혹은 지역구의 평가에서 대안적 평가를 수행할 것이 결정되면, 팀은 아동이 일반 평가에 참여할 수 없는 이유와 선택된 대안적 평가가 아동에게 왜 적합한가에 대해 반드시 진술해야 한다.

IEP가 학생이 일반교육과정에 접근하는 방식에 초점을 두고 있는 반면, 학생들과 그들의 교수적 요구에 대한 개별적 결정을 내리는 것의 중요성은 드러내지 않는다. 일반교육과정을 결정하는 일반적인 내용과 성취 기준의 맥락 내에서 어떻게 개별화된 결정들을 내리는가 하는 것이 특수교육자들의 도전이 된다. 이 장과 6장에서는 학생이 일반교육과정에 접근하는 방식에 대해 생각하고 결정하는 과정을 묘사하고 IEP의 각 핵심 요소들을 진술할 것이다.

일반교육과정 접근의 연속체

일반교육과정에 대한 접근은 [그림 1-5]에서 제시한 연속체를 따라 고려될 필요가 있다. 여기에서 좀 더 자세히 그 연속체를 살펴보겠다. 미국장애인교육법의 기저가 되는 전제는 각 학생의 IEP 계획은 각 학생이 일반학급에서 일반교육과정에 의해 규정된 과목을 배운다는 가정에서 출발하는 것이다. 생활연령에 적합한 교육과정을 위한 조정 혹은 수정은 학생의 현재 수행 수준에 대한 증거와 모든 지원과 서비스에 대한 고려에 기초해서 결정된다. IEP 개발에서 보편적으로 사용되는 두 가지 용어는 **조정과 수정(종종 교수적 수정이라 불리기도 함)**이다. 교사들이 이 두 가지 용어의 차이와 이것을 IEP 결정에 어떻게 활용할 것인지를 이해하는 것이 중요하다.

특수교육과 관련서비스를 받는 몇몇 학생은 조정과 수정이 필요하지 않다. 그들은 일반학급에서 제공되는 교수를 통해 필요한 일반교육과정 내용에 접근할 수 있다. 이것이 교육과정 연속체의 첫 번째 수준이다. 연속체에서 다음 접근 수준은 교수적 조정이 필요하지만 학생들이 학급 내의 다른 학생들과 같은 양의 교육과정 내용을 동일한 성취 수준으로 학습할 것으로 기대되는 경우다. 교육과정 수정은 교수하는 특정 영역과 기대하는 성취 수준과 관련하여 한 가지 혹은 그 이상의 기대를 변화시키는 것에서 시작한다. 마지막으로, 매우 소수의 학생들을 위해서 일반교육 내용 기준—그러나 대안적인 성취 기준—을 참조한 개별화된 목표들을 규정하는 것도 가능하다.

연속체를 이해하기 위해서 교사들은 2장에서 논의한 교육과정의 성격을 명백하게 이해해야 하며, 3장에서 논의한 과목에 따른 내용 영역과 관련한 넓은 범위의 학습 요건이 분명해야 한다. 교사는 반드시 교육과정의 내용과 교수를 구별할 수 있어야 하고, 학생의 현재 수행 수준에 대해 확실하게 이해하며, 조정과 수정 간의 차이를 알아야 한다. 교육과정 접근의 연속체에 대해 더 자세히 살펴보겠다.

보편적 학습 설계와 일반교육과정 접근

　장애학생을 위한 IEP 개발 과정은 일반학급에서 시작된다. 앞서 알아본 바와 같이, 미국장애인교육법의 가정은 장애학생이 성공하는 데 필요한 조정, 지원 및 서비스들이 일반학급 내에서 일반교육과정을 통해 제공될 수 있다는 것이다. 이 가정은 특수교육을 받는 대부분의 학생에게 적용될 수 있다. [그림 5-1]의 회색 음영은 지원의 연속체상에서 장애학생을 위해 개발된 프로그램이 위치하는 범위를 나타낸다.
　지원 연속체의 끝 부분에서 학생의 교수는 거의 대부분이 일반교육

[그림 5-1] 일반교육과정 접근 연속체

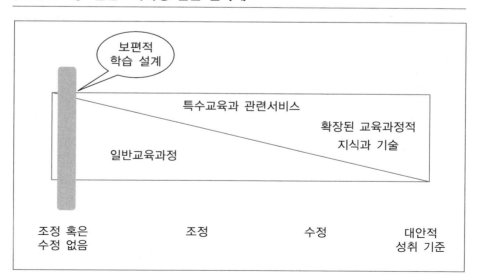

과정 안에 있음을 주목해야 한다. 단지 매우 소수의 학생 프로그램만이 특수교육과 관련서비스의 형태를 취한다. 어쩌면 학생들에게 말하기와 언어 서비스만 혹은 교육과정 내에 수립된 교수적 조정만 제공할 수도 있다. 교육적 프로그램은 보편적 학습 설계(Universal Design for Learning: UDL)를 활용하는 교육과정 지원 연속체의 끝에 위치한다. 보편적 학습 설계는 많은 전문화된 교수적 수정에 대한 요구를 예방할 수 있고, 모든 교사가 선택하는 첫 번째 대응이 되어야 한다.

보편적 학습 설계는 단일 학급 내에 있는 다양한 학습자의 교육적인 요구들을 수용하기 위한 "내재된" 융통성을 갖는다(Rose & Meyer, 2002). 보편적 학습 설계의 전제는 생산품들과 환경들은 최대의 사람들이 원래의 설계에 포함된 것 이상의 추가적 수정 없이 사용할 수 있어야 한다는 것이다. 추가적인 교수적 수정이 필요할 때에는 원래 설계에 의해 쉽게 그리고 드러나지 않게 조정되어야 한다. 보편적 설계는 보조적 지원이 나중에 추가되는 것이 아니라 내재된 것을 의미한다.

낮은 턱의 경계석, 자동문 및 통합된 경사로와 같은 보편적 설계의 건축학적인 적용들은 공공시설과 민간 부분 모두의 새로운 건축물에서 흔한 것이 되었다. 이러한 특징들은 현재 건축의 설계와 계획 단계에 필수적 요소들로서 일상적으로 포함된다. 분리된 장애인 출입구 혹은 분리된 장애인 화장실과 같은 시설들은 건축에서의 보편적 설계와는 무관한 예들이다. 이와 같이 추가되거나 분리된 형태는 설계자들이 이동에 제한이 있는 사람들이 건물을 사용하고자 할 가능성을 고려하지 못했을 때 필요하다. 보다 좋은 대안은 이동성과 힘이 다양한 사람들이 사용할 수 있는 출입구 혹은 그 어떠한 사람도 사용할 수 있는 설비와 공간적 여유를 갖춘 화장실을 원래의 설계에 포함하는 것이다.

보편적 학습 설계는 교사들이 자신들의 교수적 결정들이 중간 혹은 "평균" 집단이 아닌 학급 내의 모든 학생에게 미치게 되는 결정적인 영향들에 대해 고려하는 것을 요구한다. 보편적 설계의 원칙이 전체적인 설계 과정에 통합되면서, 그들이 사용하는 결정들은 일부 개인의 접근을 실질적으로 제한하거나 혹은 모든 학생을 위한 융통성과 접근 가능성을 증가시키는 설계로 대체되었다. 예를 들면, 더 많은 건축물이 보편적 설계의 원칙을 수용할수록 품위 있게 잘 통합된 경사로는 새로운 건축물에서 흔한 것이 되고, 건물 내의 손잡이와 다른 물리적인 특성들은 온전하게 접근이 가능하게 된다.

보편적 설계의 중요한 이점 중 하나는 장애인을 위해 만들어진 부분들이 다른 모든 사람이 시설이나 환경을 이용하는 것을 더욱 용이하게 만든다는 것이다. 예를 들면, 식료품점이나 백화점에서 살 수 있는 많은 가사 도구와 기구는 인체공학적으로 설계된 것이다. 이러한 도구들은 이동성이나 손의 힘이 부족한 사람들이 쉽게 사용할 수 있도록 제작되었지만; 대부분의 사람이 그러한 도구들이 기존의 손잡이들보다 더 편리하다는 것을 알게 되어 인기가 있다. 실제로 이러한 도구들을 사는 대부분의 사람은 아마도 이러한 도구들을 "접근 가능한" 것으로 생각하지 않을 것이다.

교육적 맥락에서 보편적 설계 원리의 적용은 주로 전자 매체와 물리적 및 감각적 접근을 결합시키는 것과 컴퓨터 하드웨어와 소프트웨어에 초점을 맞추어 왔다. 대부분의 개인용 컴퓨터는 일반적으로 마우스의 속도, 컴퓨터 명령키, 선택적인 입력키의 사용 혹은 청각 신호를 켜는 것과 끄는 것을 사용자가 자신이 원하는 대로 맞추어 조절할 수 있도록 하는 제어 장치를 가지고 있다. 이러한 기능은 개조하려고 나중에 추가된 것이 아니라 조작 시스템에 내재 설계되어 있으며, 이러한 특성을 사용하고자 하는 모든 사람이 손쉽게 사용할 수 있다. 마찬가지로 폐쇄형 자막 디코더는 현재 대부분의 TV의 표준 규격이며, 난청 혹은 농인 사람들이 아닌 다른 많은 사람이 사용하고 있다. 식당과 공항 탑승구와 같이 시끄러운 공공장소에서 TV 폐쇄형 자막은 흔하게 볼 수 있다.

보편적 설계가 융통성을 성취하는 방법 중 하나가 중복(redundancy)을 통해서다. 중복은 같은 목적을 충족시키는 유사 체계다. 접근성은 그들의 욕구 혹은 선호를 가장 잘 충족할 수 있는 다양한 범위의 선택들이 주어질 때 증가된다. 계단과 경사로는 모두 같은 목적으로 사용된다. 폐쇄형 자막은 TV 프로그램에서 음성 트랙과 동일한 목적을 달성한다. 이러한 중복적 혹은 병행적 체계에 의해 제공되는 선택으로 접근성이 창출된다.

보편적 설계의 원칙은 학습장애와 인지장애를 가진 사람들을 위한 교육 설계에 손쉽게 적용할 수 있다. 이러한 형태의 보편적 학습 설계는 디지털 교과서와 같은 융통성 있는 교육과정 자료와 다양한 능력의 학습자들이 도전적인 학습 성과를 얻을 수 있는 활동들을 채택한다. 응용특수공학센터(The Center for Applied Special Technology; Rose & Meyer, 2002)에서 보편적 학습 설계의 세 가지 필수적인 원칙을 요약하였다. 다음의 원리들에서 중복을 통한 융통성이 중심이 되는 방법을 주목해야 한다:

1. **자료 제시의 다양한 방법.** 이것은 정보가 한 가지 이상의 형태로 사용될 수 있음을 의미한다. 예를 들면, 청각적인 자료에는 자막이 제공되어야 하고, 삽화와 비디오에서는 관련 설명들이 제공되어야 한다. 가능할 때는 언제든지 크기, 색상, 모양 및 간격과 같은 다양한 변인의 변형이 가능한 디지털 형태가 인쇄된 책자와 함께 교재로 제공되어야 한다.

2. **표현의 다양한 방법.** 이것은 학생들이 의사소통과 배운 것을 발표하고 교수 체계와 상호작용하는 적절한 대체 수단을 가지고

있어야 함을 의미한다. 예를 들면, 연필이나 종이를 가지고 쓰기 활동을 하는 대신에 학생은 컴퓨터를 활용한 디지털화된 방법으로, 말하기를 통한 구술적인 방법으로, 혹은 그림, 삽화나 사진과 같은 그래픽적인 방법으로 같은 활동을 수행할 수 있다.

3. **참여의 다양한 방법.** 이것은 모든 학생이 교육과정의 내용과 형태에서 적절하게 도전을 받는 것을 의미한다. 예를 들면, 필요한 학생들에게는 비계가 제공되어야 하고, 각 학생의 학습 속도에 맞게 반복하는 양이 교수 설계에 내재되어야 한다. 동시에 교수는 모든 학생에게 학습이 일어날 수 있을 만큼 충분히 도전적인 기회들을 포함해야 한다.

보편적 학습 설계는 교육과정 내에서 정보가 다양한 방법으로 제시되고, 학생이 다양한 방법으로 자신을 표현하는 것, 학생들이 다양한 통로로 교육과정에 참여하는 것을 의미한다. 이러한 융통성에 내재된 목적은 학생들이 감각, 운동, 인지 혹은 언어적 차이를 가지고 있을 때 발생하는 학습 장벽으로 인한 영향을 제거하는 것이다. 다음에서 매일의 계획과 교수에 보편적 설계의 원칙을 포함시키기 위한 특정한 전략들을 제시한다.

자료 제시의 다양한 방법

모든 학습자에게 동일한 접근을 제공하는 최상의 단일한 정보 제공 방법은 없다. 실제로 접근을 증진시키기 위한 한 가지 방법이 실질적으로 다른 사람의 접근을 제한할 수도 있다. 예를 들면, 스페인어로 가르치는 수학 수업은 스페인어를 모국어로 하는 학생들의 접근성을 증진시키지만 스페인어를 하지 않는 학생들에게는 접근성을 제한한다. 그러나 중복적인 혹은 병행적인 체계의 사용을 통한 융통성에 내재된 설계는 단 하나의 제시 전략에만 의존하는 설계보다 장벽의 발생을 더욱 감소시킬 수 있을 것이다.

교수적 제시

교수적 제시에 있어서 중복은 같은 정보를 한 번 이상, 다른 방법으로 언급하는 것을 의미한다. [그림 5-2]는 교사가 정보의 제시를 위해 채택할 수 있는 한 가지 형태 이상의 다양한 방법을 보여 주고 있다. 물론 모든 정보를 항상 중복적인 형태로 제시하는 것이 가능하지는 않지만, 교사가 더 많은 칸을 동시적으로 채택할수록([그림 5-2] 참조) 교사의 제시에 대한 접근성은 더욱 높아진다. 예를 들면, 새로운 정보를 제시하는 주요 방식이 강의와 토의라면, 그다음에는 같은 정보를 제시하는 자막이 있는 비디오를 채택할 수 있거나 혹은 주요 관계들을 보여

[그림 5-2] 교수적 제시의 중복성

중복적인 제시 형태			
말로 하기 Say it	보여 주기 Show it	모델 해 주기 Model it	다른 매체 Different Media
강의	그림/삽화	시범 보이기	비디오테이프/디스크
토의	슬라이드	소리 내어 생각하기	오디오테이프/디스크
질문하기	화이트보드	시연하기	컴퓨터
소리 내어 읽기	비디오	만들기/조립하기	TV
구어적 설명	자막	조작물	조작물

주는 한 모델을 구조화할 수 있다.

교수 자료

일반적인 원칙에 따르면 디지털 교재를 채택하는 것이 활자화된 교재만을 사용하는 것보다 더 바람직하다(Orkwis & McLane, 1998). 디지털 교재는 모양, 크기, 색상 및 대비를 쉽게 변형할 수 있어서 활자 교재로부터 정보를 얻는 데 어려움이 있는 지각 혹은 인지적 장애를 가진 학생에 대해 고도의 융통성을 갖는다. 학급 내에서 일상적으로 사용되는 자료 중 상대적으로 소수만이 디지털 형태이지만, 출판사와 자료 개발자들은 디지털 형태의 교수 자료에 대한 요구가 엄청나다는 것을 인식해 왔다. 곧 더 많은 교수 자료가 전자 형태로 독립적인 상품 혹은 네트워크 환경에서 이용 가능하게 될 것이다.

비록 "임시적"인 것이긴 하지만 몇 가지 이용 가능한 선택들이 있다. 해당 자료가 시각적 문자인식 소프트웨어가 해석하지 못하는 많은 삽화나 흔하지 않은 문자들을 포함할 때에는 유용한 해결책이 되지 못할 수도 있지만, 일부 교수 자료는 전자적으로 스캔된 후 학생에게 디지털 형태로 제시될 수 있다.

교수 자료들이 오디오 형태로 제시되는 정보를 포함하고 있을 때(예: 비디오테이프), 청각장애학생들이 정보에 접근할 수 있도록 자막이나 전사 자료의 사용을 통한 중복이 내재 설계되어야 한다. 마찬가지로 정보를 도표나 그림을 넣어 제시할 때에는 맹·저시력 학생 혹은 좀 더 명시적인 자료의 제시를 통해서 도움을 받을 수 있는 학생들을 위한 구어적인 설명이 제공되어야 한다. 화면 해설과 함께 이용 가능한 비디오 자료의 수와 다양성은 급속도로 증가하고 있고, 가능할 때는 언제나 채택해야 한다.

표현의 다양한 방법

보편적 설계의 원칙들은 교사들이 학생의 욕구를 가장 잘 충족할 수 있는 다양한 표현 형태, 선택의 메뉴를 학생이 선정할 수 있도록 허용해야 한다는 것을 말한다. 여기에서는 학습 과정에서 학생들이 표현하기 위해 사용할 수 있는 대안적인 표현 양식들의 예들이 제시된다.

제시와 그래픽 소프트웨어

많은 컴퓨터 소프트웨어를 사용하면 사용자들이 추후에 전자적 제시, 출력, 혹은 오버헤드프로젝션용 슬라이드로 변형할 수 있는 슬라이드로 정보를 조직화할 수 있다. 이러한 소프트웨어를 사용함으로써 쓰기나 말하기에 어려움을 가진 학습자는 말하기 없이 상대적으로 최소화된 쓰기 활동으로 매우 복잡한 생각과 이야기를 표현할 수 있다. 사용자들은 클립아트, 도표 및 서식 설정 도구를 사용하여 쓰기 활동 없이 생각을 표현하고 학습을 시연할 수 있는 근사한 산출물을 창출할 수 있다. 스케치와 일러스트레이션을 위한 컴퓨터 장치 역시 일반화되었고, 이것은 대부분의 학급 컴퓨터에서 볼 수 있는 워드프로세싱 소프트웨어와 통합된다. 쓰기나 키보드 사용에 제한된 능력을 갖는 학생들은 다른 표현 수단 대신에 이러한 장치를 사용할 수 있다.

구두 제시

구두 제시는 일반적으로 많은 학급에서 사용되지만 교사들은 이러한 구두 제시를 전통적인 쓰기 표현 방법의 대안적인 방법으로 보지는 않는다. 쓰기를 할 수 없는 학생들은 학급 전체, 소그룹 혹은 일대일로 구어적으로 정보를 표현할 수 있다. 구두 제시는 생각을 조직화하는 데 도움이 필요한 학생들을 위한 과제의 구조화에서 더 효과적일 수 있다. 또한 구두 제시와 함께 다른 자료를 사용하는 것은 그 과정을 간단하게 할 수 있다. 예를 들면, 한 단락을 쓰는 것보다 학생이 포스터를 만들고 그것에 대해 구두 제시를 하는 것이다. 물론 앞에서 설명한 컴퓨터 소프트웨어 역시 도움이 된다.

모델들과 조작물

과제와 활동들을 구조화하는 것은 가능하다. 그래서 학생들은 아이디어를 표현하거나 학습을 의사소통하기 위해 모델들을 구조화하거나 단순한 조작물들(manipulatives)을 이용할 수 있다. 이 전략의 익숙한 예시는 스티로폼 공과 이쑤시개를 사용하여 분자 모형을 만들거나 줄과 공을 사용하여 태양계 모델을 만드는 것이다. 그러나 학생들이 간단한 조작물들을 활용하여 자신을 표현하는 것에는 많은 다른 방법이 있다. 이 전략은 제한된 표현의 수단을 가진 학생들의 의사소통을 도울 뿐 아니라, 특히 간단하고 쉽게 이용 가능한 조작물들을 활용할 때 지식의 전달과 추상적 혹은 유추적인 추론의 개발을 도울 수 있다.

참여의 융통적 방법

이 책에서 강조한 바와 같이, 일반교육과정에 대한 접근은 모든 학생이 도전적인 내용을 학습할 기회를 갖는다는 것을 의미한다. "모든"이 교육과정 접근을 방해하는 감각장애 혹은 운동장애를 가진 학생을 포함할 때 대부분의 교사는 이 전제의 철학에 동의할 것이다. 교사들 대부분은 "모든"이 다양한 인종, 민족, 언어 혹은 문화의 학생들을 포함할 때 이 가정을 지지할 것이다. 그러나 많은 교사에게 문제가 되는 것은 학습이나 인지적 장애를 가진 학생들이 조정을 통해 다른 모든 학생과 동일한 교육과정에 접근할 수 있게 하는 것이다. 이러한 학생들을 위한 조정은 많은 교사에게 종종 교육과정을 희석하는 것으로 해석되고, 학생 스스로 성취해야 하는 학급 내의 다른 학생들에게는 다소 불공정하게 보일 수 있다.

그러나 학생이 일반교육과정에 참여할 다양한 방법이 있을 때 다른 능력과 배경을 가진 학생들이 같은 내용에 대해 동등하게 도전하는 것이 가능하다. 이러한 목표를 달성하기 위한 하나의 방법은 교사가 가르치는 정보의 유형(예: 사실, 개념, 원리 혹은 절차)에 관심을 갖는 것이다. 가르치는 정보의 유형을 안다는 것은 (a) 그것을 어떻게 가르칠지, (b) 학생이 그것을 가지고 무엇을 해야 하는지를 결정하는 것을 돕는다. 이것은 정보로부터 불필요한 어휘나 혼동이 되는 도표와 같이 관련이 없는 정보나 과제들을 교사들이 제거하도록 도울 수 있다.

앞의 장에서 다양한 종류의 정보에 수행될 수 있는, 다양한 종류의 정보와 지적인 활동들을 학습자가 배우고 기억하기 위해 사용하는 다양한 인지적 과정에 대해 살펴보았다. 다양한 능력을 가진 학생들은 다른 인지적 작업을 수행함으로써 같은 내용을 배우는 것에 동일한 도전이 가능하다. 예를 들면, 중학교 과학 수업에서 어떤 학생들은 여러 개의 보기 중에서 가장 개념을 잘 나타낸 것 하나를 선택함으로써 "침식 작용"에 대해 설명할 수 있다. 동시에 학급의 다른 학생들은 침식 작용의 두 가지 결과에 대해 평가를 하거나 침식 작용에 대한 좋은 예와 원인에 대한 보고서를 작성할 수 있다.

마찬가지로 교수는 같은 정보에 접근하는 다른 의견들을 제공할 수 있다. 예를 들면, 주정부에 대한 지리 수업은 학급의 서로 다른 구성원을 위해 다음과 같은 목표를 포함할 수 있다:

우리 주(state)의 주도(capital) 이름 말하기 (사실에 대한 반복)

주도의 한 예를 제시하기 (개념에 대한 설명)

주와 카운티(county)의 차이점 말하기 (개념에 대한 평가)

주들이 왜 주도를 갖는지 이유 말하기 (원칙 적용)

그러나 교사가 가르치려는 것을 명확하게 이해하고 있는 것은 필수적이다. 예를 들어, 침식 작용에 대한 개념을 가르치는 것이 목표라면 어떠한 교수적 기술도 특정의 한 학생에게만 불공평한 이득을 주어서는 안 된다. 오히려 연합하여 사용된 기술들은 순전히 모든 학생이 개념에 접근하는 것을 보장해야 한다. 반대로, 수업의 목표가 기술적인 개념들에 대해 글을 쓰는 능력을 향상시키는 목표를 포함하고 있다면, 교사들은 개념 학습을 위해 개별 학생을 위한 조정 방법과 쓰기 교수에서 직접 교수 방법에 대해 고려해야 한다.

조정

조정은 전형적으로 학생이 과목과 교수에 온전하게 접근할 수 있도록 돕기 위해 제공되는 서비스 혹은 지원으로 정의되며, 학생이 무엇을 알고 있는지 확실하게 보여 준다. 조정은 학년 수준의 단위 교수 내용이나 성취 기대를 변경하지 않는다. 조정은 학생들에게 특정 사실, 지식과 기저가 되는 구인들을 포함하는 내용 기준에 영향을 주거나 독립적으로 변경해서는 안 된다. 덧붙여 조정은 학생의 학년 기준에서 "전형적인" 학생들이 배울 모든 내용을 장애학생이 동일하게 정의된 숙달 수준으로 학습하도록 기대하는 것을 의미한다. [그림 5-3]에서 회색 음영은 교육과정 접근의 연속체상에서 조정을 포함하는 교육이 감소하는 것을 보여 준다. 교육 프로그램이 여전히 주로 일반교육과정 내에서 이루어지고 있지만 학생 프로그램의 상당한 부분이 주로 학생의 일반교육과정 접근과 진보를 지원하기 위해 계획된 특수교육이나 관련서비스가 포함되어 있다는 점에 주목해야 한다.

　　IEP 계획이 반드시 **전체** 일반교육과정에 걸쳐 장애학생과 관련된 영역들에서 조정에 관심을 기울여야만 한다는 것을 기억하는 것은 중요하다. 만약 학생이 읽기에 장애가 있다면 교사는 반드시 수학, 과학, 미술, 체육 등을 포함하여 읽기를 필요로 하는 모든 교과 내용에서 교육과정 목표나 기대되는 학생의 학습 결과를 바꾸지 않고, 학생의 읽기 활동을 조정 혹은 지원하는 방법에 대한 계획을 수립해야 한다.

[그림 5-3]　일반교육과정 접근 연속체

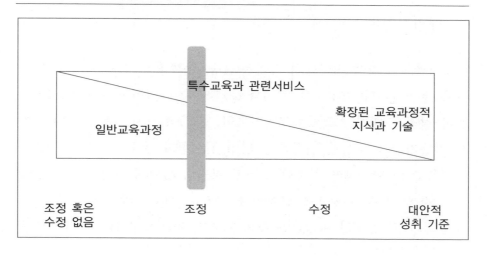

조정은 연필깍지, 큰 활자 책, 혹은 학습을 위한 더 조용한 공간과 같은 간단한 것이 될 수 있다. 더 두드러지는 조정은 과제 혹은 시험을 완료하는 데 더 많은 시간, 계산기나 철자 확인기의 사용과 쓰기 과제를 위한 단순한 워드프로세서의 사용을 허용하는 것들이 될 수 있다. 또한 조정은 특정 기술의 더 많은 연습, 기술이나 개념 적용을 위한 더 많은 기회, 다른 맥락들에서 특정 지식을 사용하는 것에 대한 직접 교수를 포함한다. 교수에 할당된 시간이 증가되면서 학생의 학습 기회가 증가하고 특정 교수 전략들을 제공하는 것은 사실상 교사가 할 수 있는 가장 강력한 조정들이다.

조정에 대한 결정을 위해서는 교사가 특정 수업이나 교수 단원 내에 삽입된 핵심 구인들—사실, 기술 및 개념—에 대한 충분한 지식을 갖는 것이 요구된다. 교사들은 조정이 교수에서 기대하는 중심 생각 혹은 주요한 학습 성과들을 바꾸는 것이 아니라는 것을 반드시 이해해야 하고, 내용 영역에 대해 충분히 이해해야 한다. 일반적으로 조정은 세 가지의 영역, 즉 대안적인 습득 양식, 내용 강화 및 대안적인 반응 양식으로 나뉜다.

대안적인 습득 양식

대안적인 습득 전략들의 목적은 운동, 감각 혹은 정보 처리 과정 결손을 우회하거나 보상하는 것이다(Lewis, 1993). 이러한 유형의 조정을 위한 결정은 대개 치료사들(작업, 물리, 언어)이나 보조공학 분야의 다른 전문가들을 포함한 간학문간 팀이 관여한다. 운동, 감각 및 인지적 장애를 가진 학생에게 적절한 보조적 지원의 범위에 대한 논의를 완성하는 것은 이 책의 영역을 넘어선다; 그러나 대부분의 교사는 한 가지 혹은 두 가지 형태의 대안적인 습득 도구에 친숙할 것이다. 이러한 조정들은 수화 통역사, 점자 자료, 음성–출력 컴퓨터 및 녹음된 도서를 포함한다.

내용 강화

학습에 문제를 가진 학생들은 종종 학습 전략적인 측면들의 관리에 도움이 필요하고, 내용 강화(content enhancements)는 이러한 부분에 도움을 줄 수 있다. Lenz, Bulgren과 Hudson(1990)에 의해 설명된 바와 같이, 내용 강화는 학생이 내용 정보를 판별하고, 조직화하고, 이해하며, 기억하도록 돕는 기술들이다. 내용 강화는 많은 교사에게 이미 익숙한 다음과 같은 예들을 포함하여 수많은 지원을 포함할 수 있다(Hudson, Lignugaris-Kraft, & Miller, 1993).

선행 조직자(Advance Organizers). 이것은 학생의 장기 기억에 저장된 사전 지식과 새로운 정보의 연결을 향상하기 위해 설계된 사전 교수 자료다. 선행 조직자는 구어나 문자 형태 혹은 질문 형태로 제시될 수 있다. 토론이나 읽기 과제에 선행하여 제시되는 질문들, 칠판이나 유인물에 제시된 어휘들, 혹은 교수 이전에 사전 지식을 활성화하기 위해 계획된 교사가 제시하는 언어적 설명들을 예로 들 수 있다.

시각적 제시(Visual Displays). 이것은 교수 시간 동안 제시되는 다양한 정보 간의 관계를 묘사하기 위해 설계된 도표, 구체적인 모형, 비디오 혹은 디지털 자료를 포함한다. 시각적인 제시는 교수가 이루어지는 동안 학생들이 장기 기억 내에 정보를 조직화하고 사전 지식을 활성화하도록 돕는다. 시각적인 제시는 학습자의 장기 기억 내에서 정보망을 구축하는 비계를 제공하는 확장적 조정으로서 기능한다. 다른 예들은 학생의 학습이 의미 있는 맥락 내에 기반을 두도록 하기 위한 그래픽 조직자, 개념지도 및 비디오를 포함한다.

스터디 가이드(Study Guides). 이것은 학습하게 될 핵심 정보에 대한 학생의 주의와 인지적 자원에 초점을 맞추기 위한 일련의 설명이나 질문을 포함하는 활동지다. 읽기나 학습 과제에 우선하여 학생에게 제공된다. 스터디 가이드는 완전하거나 혹은 부분적으로 완성된 개요의 형태를 취할 수 있다; 학습 과제의 원문, 직역 및 추론적 측면들에 초점을 둔 질문들; 혹은 학습할 자료에 대한 적극적인 과정을 촉진하기 위해 계획된 다양한 과제들.

기억 기법(Mnemonic Devices). 서술적 지식의 저장과 상기를 돕기 위한 기법들은 내용 영역과 관련되어 있다. 기억 기법은 언어 혹은 이미지를 이용한 것일 수 있고 교사에 의해 제공되거나 교사와 학생이 협력적으로 개발할 수 있다. 대부분의 교사들은 키워드, 그림 및 상징의 사용과 같은 기억술의 공통적인 예들에 친숙하다. ROY G BIV(역자 주: Red, Orange, Yellow, Green, Blue, Indigo, Violet 첫 글자로 무지개 순서를 기억하는 방식의 기억술)와 Every Good Boy Deserved Fudge(역자 주: 음반 제목에서 따온 것으로 높은음자리표 선상의 음인 EGBDF를 기억하는 기억술)는 고전적인 기억 기법들이다.

또래-중개 교수(Peer-Mediated Instruction). 이러한 형태의 내용 강화는 학급에서의 교수 중개자로서 또래를 활용한다. 또래나 다른 연령과의 교수, 학급 차원 교수, 혹은 협력학습의 형태를 취할 수 있다. 또래-중개 교수의 주요한 목적은 피드백을 받는 분산된 연습의 기회를 증가시키는 것이다. 이 접근은 일반적으로 교사가 제공하는 잘 구성된 대본과 구조화된 상호작용의 계획 및 교사의 중재를 수반한다.

대안적인 반응 양식

표현은 단순히 학생이 교사의 질문에 답을 하고 필요한 것을 말하는 것을 넘어서 다양한 기능으로 작용한다. 사고를 형성하고 표현하는 것은 학습과 평가 과정의 통합된 부분이다. 따라서 감각이나 운동 장애 혹은 언어적인 차이로 인해 발생하는 장벽들을 감소시켜 모든 학생이 자신을 표현할 수 있는 다양한 방법을 찾는 것은 중요하다. 물론 대부분의 학생이 학급 내에서 일반적으로 의사소통하는 방법은 말하기와 쓰기를 통한 것이고, 가능할 때 대안적 표현 방법을 사용할 수 있다면 일반교육과정으로의 접근은 향상된다.

더욱 전문적인 대안적 반응 양식의 예로는 대필자를 활용하여 시험 문항에 대한 학생의 반응을 기록하도록 하는 것이 대표적일 것이다. 교수적 보조자(또 다른 학생이 아닌)는 종종 학생의 생각을 정확하게 그대로 기록하는 역할을 수행한다. 종종 반응에 대한 시간적 제한이 없는 상황 역시 과제 완성에 더 많은 시간이 필요한 학생을 위한 조정으로서 사용될 수 있다.

수정

교육과정 수정이 이루어질 때는 특정 교과 내용이 변경되거나 학생이 성취해야 할 수행 수준이 변화된다. 교육과정 수정은 학생이 학급 내의 다른 학생들과는 다른 내용 혹은 같은 내용이더라도 다른 수준의 복잡성으로 학습할 때 이루어진다. 예를 들면, 학급의 다른 학생들이 동물 세포와 식물 세포의 차이점을 말해야 한다면 수정이 이루어진 학생에게는 제시된 그림과 짧은 설명을 보고 동물과 식물을 구별하는 것을 요구할 수 있다.

교수적 수정을 위한 결정은 중요한 것으로 가볍게 이루어져서는 안되며; 교사 한 사람의 의견에 의해 이루어져서도 안 된다. 수정은 팀의 결정을 필요로 한다. 교육과정 수정은 장기적 및 단기적 영향 모두를 갖는다. 예를 들면, 일부 수정은 평가에서 학생을 상당히 불리하게 할 수 있고, 그러한 평가는 학생과 학교 모두에 중요한 영향을 미칠 것이다. 그러나 교육과정 수정과 학생이 수업을 받는 환경을 변화시키는 것이 동일한 것이 아니라는 것을 명심해야 한다. IEP에 수정하지 않는 이유가 명확하게 설명된 경우가 아니라면, 교육과정 수정은 일반학급에서 제공될 수 있고 일반학급에서 제공되어야 한다.

교육과정 접근의 연속체상에서 [그림 5-4]의 회색 음영은 수정을 포함한 프로그램이 해당되는 곳을 나타낸다. 이 지점에서 프로그램의 큰 부분은 전문적 수정과 지원 서비스에 대한 학생의 욕구에 따라 특수

[그림 5-4] 일반교육과정 접근 연속체

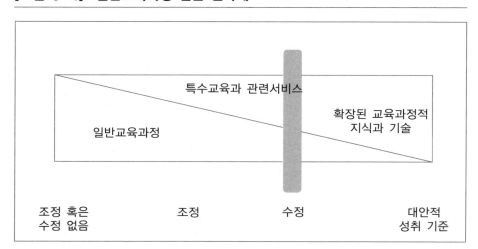

교육과 관련서비스를 수반한다는 것을 주목해야 한다.

특수교육을 받는 학생들에게 빈번하게 제공되는 공통적인 수정은 문제의 수를 줄여 주거나 수 페이지 분량의 보고서를 1개 혹은 2개 문단으로 쓰도록 과제를 줄여 주는 것이다. 종종 교사들은 과제를 줄여 주는 것이 간단한 "조정"이라고 믿는다. 그러나 이러한 유형의 수정은 어려운 과제를 없애고 학생이 학습해야 할 것을 변경함으로써 교육과정을 "희석"할 수 있다. 사실 이러한 유형의 수정은 학생이 특정 과목과 관련된 결정적 지식, 기술 및 개념을 학습할 기회를 줄일 수 있다. 수정은 반드시 교육과정의 기초가 되는 내용과 성취 기준의 맥락 내에서 이루어져야 한다. IEP 목표를 수립하는 것을 설명할 다음 장에서 이에 대해 더 논의할 것이다.

학생이 학습할 것을 수정하는 것은 교육과정 접근 연속체를 따라 더 이동한다. 수정은 더 낮은 수준의 읽기 자료를 제공하는 것과 같이 수업에서 사용하는 자료를 변경하되 과목 내용 및 필수 교육과정의 장·단기 목표는 동일하게 유지함으로써 시작된다. 예를 들면, 국어 수업 시간에 몇몇 학생은 다른 읽기 수준의 글을 읽을 수 있지만 모든 학생은 인물의 전개 사건, 구성 및 어조를 판별하는 작업을 하는 것이다.

더 중요한 수정은 교사가 개별 아동을 위한 일반교육과정을 반영하는 새로운 자료와 과제를 가장 넓은 의미에서 계획하면서 발생한다(예: 기본적인 대수학에서부터 계산기를 이용한 단순한 연산이나 "생활 수학"에 이르는 난이도 범위로 모든 학생이 수학 수업을 받는 것). 유사한 수준의 수정은 동일 과목 내용을 다루지만 학급 학년보다 낮은 언어 수준으로 쓰여 있는 교과서를 사용하는 것이다. 즉, 일부 학생에게 동료들보다 한두 단계 낮은 학년 수준의 과학 교과서 혹은 과학 자료를 사용하게 하는 것이다. 이러한 전략은 읽기에 대한 어려움은 감소시킬 수 있지만, 학년 수준의 중요한 개념, 어휘 및 다른 핵심 기술들을 학습할 기회를 제공하지 못한다.

2장에서 논의되었던 교육과정 변수들을 고려할 때 수정의 잠재적 영향은 중요하다. 예를 들면, 학년 수준에 맞지 않는 자료를 사용하였을 때는 교육과정의 위계를 방해하거나, 추후 결과가 학생의 학습 부족에만 기인하는 것보다 더 큰 차이를 보이지 않을 것이 확실해야 한다. 단순히 학생의 읽기 수준 때문에 교육과정 자료를 수정하는 것은 최선의 결정이 아니다. 오히려 범위에 상관없이 학년 수준의 개념과 어휘를 학습할 수 있도록 허용하는 조정과 지원을 제공하는 것이 훨씬 더 좋은 대안이다.

적은 내용의 교수

더 적은 내용을 가르치는 것은 학습 없이 "얻을" 수 있는 부분적 정보가 있다는 것을 의미한다. 교사들은 빈번하게 이러한 수정을 통해서 학생들이 교육과정에서 부분적으로 진전하면서 학급 동료들을 따라잡을 수 있도록 돕는다. 내용을 줄이는 것이 학생의 학습 문제를 우회할 것이라고 가정한다. 그러나 단지 학생이 일반교육과정을 따라가거나 학급 내에 대부분의 다른 학생들과 같은 속도로 학습할 수 없다고 생각하기 때문이라면, 이것은 학생이 학습하고 책임질 수 있는 기회를 줄이는 타당한 이유가 될 수 없다. 다시 말해, 학생이 배울 것을 줄이기 전에 더 많은 연습이나 더 집중적인 교수와 같은 조정에 대한 고려가 먼저 이루어져야 한다.

다른 내용의 교수

다른 내용 가르치기는 학급 내의 대부분의 학생과 특정한 한 학생에게 기대되는 일반교육과정이 다르다는 것을 의미한다. 이러한 수정의 주요한 이유는 학생에게 중요한 것으로 생각되는 내용, 즉 일반교육과정에서 배울 수 없는 내용을 가르치기 위한 것이다. 예를 들면, 일정을 잡는 방법 혹은 교통수단 이용에 대한 학습과 같은 기능적인 기술에 대한 보다 명시적 교수의 욕구가 있는 학생은 일반교육과정 및 교수와 매우 다른 IEP 목표와 교수를 받을 것이다. 그러나 때때로 기능적 기술 혹은 내용의 교수는 변경이나 대체 없이도 일반학급에서 교수되는 것을 강화하는 것으로 성취될 수 있다.

개별화된 교육과정 목표들

마지막으로, 교육과정 연속체의 가장 끝은 교육과정 목표들이 일반교육 내용 기준과 연결되어 있으면서 분명하게 고도의 개별화된 영역들(예: 의사소통과 사회적 인식)의 교육과정적 목표를 가진 학생들이다. [그림 5-5]의 회색 음영이 이러한 학생들을 나타낸다. 이러한 소수의

[그림 5-5] 일반교육과정 접근 연속체

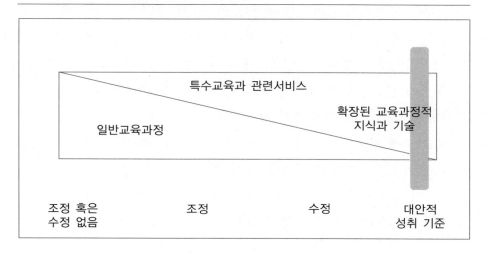

학생은 고도로 차별화된 혹은 확장된 일반교육과정 내에서 학습한다. 그들에게 접근성은 동년배 동료와 동일한 정보 혹은 개념을 배운다는 것보다 교육과정 활동에 대한 참여라는 측면에서 정의된다. 그러나 아동낙오방지법은 가장 심각한 인지적 장애를 가진 학생을 포함한 모든 학생에게 적용할 수 있는 오직 하나의 내용 기준 세트만을 두도록 요구한다는 것을 명심해야 한다. 그러므로 고도로 개별화된 학습 목표의 세트도 주의 내용 기준을 참조해야 할 필요가 있다.

조정, 수정 및 평가

교사들은 장애학생을 위해 교육과정을 수정할 때 교수와 평가 간의 연결을 변경한다. 교사가 수정을 할 때에는 평가할 지식과 기술이 무엇인가를 정확히 인식하여 학생들이 주나 학교지역구 평가에서 나타내야 할 기본적인 구인을 유지해야 한다.

교육과정적인 조정 혹은 수정을 위한 결정은 학생이 주와 학교지역구 평가에 참여하는 방법과 연관되어야 한다. 예를 들면, 학생이 교수적 조정 없이 구체적인 일반교육 내용에 온전하게 접근할 수 있다면, 그 학생은 그 교과 내용에서 요구하는 어떠한 평가든 조정 없이 참여해야 한다. 마찬가지로 학생이 구체적인 과목 내용의 교수에서 조정을 받는다면 평가에서도 동일한 조정이 제공되어야 한다. 현재 학교지역구에서 실시되고 있는 일부 표준화된 평가들은 오직 특정한 조정만을 허용하고 교수 중에 제공될 수 있는 모든 조정의 활용을 제한하고 있다.

주 혹은 학교지역구 평가에 대한 대안적인 평가를 사용하는 것은 매우 개별화된 학습 목표를 가지고 있는 소수의 학생에게 성취를 평가하는 가장 적절하고 타당한 방법이다.

특수교육과 관련서비스

IEP가 있는 모든 학생에게는 특수교육과 관련서비스가 학생의 고유한 욕구를 충족하기 위해 제공될 것이라는 기대가 있다. 관련서비스 제공에 대한 결정은 일반교육과정에 대한 학생의 접근과 관련한 결정에 영향을 미치지 않을 수도 있고, 혹은 중요한 조정의 역할을 할 수도 있다. 조음이나 유창성의 어려움을 교정하기 위한 언어치료를 받는 학생들에게 교육과정 접근은 문제가 되지 않을 것이다. 다른 학생들은 쓰기나 다른 운동 기능을 돕는 특별한 치료들과 교수를 지원하는 조정과 지원이 필요할 수 있다. 가장 심각한 장애를 가진 학생을 위한 집중적인 관련서비스 목표는 매우 다른 교육과정의 부분이 될 것이다. 시각장애 혹은 청각장애를 가진 학생들에게 제공되는 보조공학, 이동 서비스 및 전문적인 지원들은 개별화된 서비스와 지원이 혼합된 부분으로 IEP를 계획하는 동안 고려해야 한다.

특수교육 중재는 학생이 IEP 목표를 성취하도록 돕기 위해 제공되는 교수적 평가, 전략, 조정 및 지원의 전체적인 집합체라고 할 수 있다. 특수교육과 관련서비스는 일반학급 내 혹은 밖에서 이루어질 수 있고, 학생이 일반교육과정에 접근하는 정도에 영향을 받지 않는다. 다시 말해서, 일반교육과정 목표의 모두 혹은 대부분을 수행하고 있는 학생들이 매우 다른 교육과정 목표를 가진 학생들 정도의 혹은 그들만큼 집중적인 특수교육 서비스를 필요로 할 수 있다.

IEP의 목적은 학생이 개별화된 목표, 세부 목표 및 교수를 이끄는 개별화된 교육적 수행의 평가를 받는 것이다; 그러나 이러한 목표는 반드시 일반교육과정에 기초해야 한다. 일반교육과정에 접근을 제공하는 맥락 내에서 목표, 목적 및 교수를 개별화하는 것은 현재 IEP 팀이 직면한 더 어려운 과제들이다.

다음 장에서는 IEP 개발을 위한 결정 과정을 설명한다. 특수교육대상 학생의 개별화된 계획 과정에 참여하는 IEP 팀을 돕기 위한 핵심 질문들과 예시들이 제시된다.

6

일반교육과정 접근을 위한
IEP 개발의 결정 과정

제6장 일반교육과정 접근을 위한 IEP 개발의 결정 과정

지금까지 일반교육과정을 찾는 방법과 일반교육과정 내에서 학생의 수행을 평가하는 방법을 알아보았다. 반드시 교수해야 하는 내용의 유형에 적절한 교수 설계 방법, 대안적 평가 및 대안적 성취 기준과 함께 교육과정 조정과 교육과정 수정도 구별해 보았다. 이제 장애를 가진 특정 학생을 위한 개별화교육프로그램(IEP)을 만들기 위해 이러한 모든 부분을 통합하는 방법에 대해 논의할 필요가 있다.

1장에서는 일반교육과정으로의 접근과 주와 학교지역구 평가 참여에 직접적으로 관련하여 요구되는 IEP의 구성 요소들을 묘사하였다. 그것들은 오직 IEP에서 진술되어야 하는 것들의 일부에 지나지 않는다.

이제 IEP 목표와 기준을 연결하는 계획 과정의 진행 방법을 논의할 것이다. 여기서 윤곽을 제시하는 과정은 IEP 계획에 필요한 모든 측면을 다루지 않으며, 실제 IEP 서류와 혼동되지 않아야 한다. 모든 학교지역구는 2004년 미국장애인교육개선법(New IDEA)의 요건을 반영한 IEP를 개발하기 위한 그들 나름의 형태와 절차를 수립해야 한다. 이 과정은 IEP 팀에게 논리적이고 순차적인 방법으로 기준중심 교육과정과 관련하여 개별 학생에 대해 고려하게 한다. 우선 IEP 계획에서 필수적인 결정 관점을 설명하고 나서 이것들을 몇몇 개별 학생에게 적용할 것이다.

[그림 6-1] IEP 결정 과정

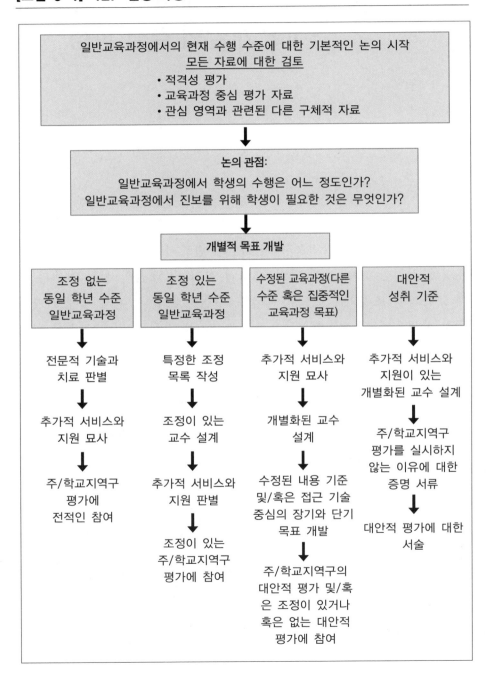

　　[그림 6-1]에서 IEP 팀이 장애학생의 일반교육과정 접근을 보장하는 방법에 대해 고려하면서 내려야 하는 핵심적 결정들을 안내하고 도울 수 있는 순서도를 제시한다. 각 단계를 논의할 때 익숙한 실제 IEP 형식과 비교해 보는 것이 도움이 될 것이다.

단계 1: 교수적 평가

　　IEP 과정은 장애가 일반교육과정에 대한 학생의 참여와 진전에 미치는 영향을 포함하여 학생의 현재 학업 성취 수준과 기능적인 수행 능력에 대한 분석으로 시작한다. 이러한 분석에서 4장에서 논의한 평가 전략은 중요하다. 그러나 적격성을 결정하는 평가가 이미 실시되었고 학생이 가진 장애의 불리한 교육적 영향이 판별되었음을 가정한다는 것을 유의해야 한다.

　　접근을 향한 첫 번째 단계는 IEP 계획 팀이 장애로 인해 영향을 받을 수 있는 교육과정의 모든 영역에서 학생의 현재 학업 성취와 기능적 수행 수준에 대해 분명히 설명할 것을 요구한다. 이 단계에서 교수적 평가는 일반교육과정에서 다루는 각각의 교과목 영역의 수행 수준에 대해 정보를 수집하는 것을 포함한다. 구체적인 기술들과 조작에 대한 평가도 필요하다. 이러한 분석은 상업화된 평가 도구에서 얻은 수학 연산, 읽기 이해 점수와 같은 단순한 기술 목록 이상의 것을 포함해야만 한다. IEP 계획을 위한 교수적 평가는 반드시 주의 내용과 성취 기준에 맞춰 조정된 각 지역의 일반교육과정 목표를 참조해야 한다. 평가는 반드시 3장에서 논의된 주제의 하나인 학생의 정보망의 내용과 구조에 초점을 맞추어야 한다. 팀은 학생이 이전의 학습과 경험을 통해 획득한 기초지식과 학습 전략과 학생이 그 정보를 다양한 상황에 적용하는 방법을 이해해야만 한다. 학생이 읽기 이해와 같은 기본적인 기술을 습득하지 못하였기 때문에 더 복잡한 지식을 이해하거나 적용할 수 없다는 생각의 덫에 빠져서는 안 된다.

일반교육과정에 대한 지식은 IEP 결정 과정에 필수적이며 IEP 팀에 교육과정적 지식을 가진 사람이 포함되어야 하는 중요한 이유가 된다. 그러나 특수교육 교사와 다른 서비스 제공자들 또한 교육과정의 내용 범위와 위계를 이해해야 한다. 2장의 끝 부분에서 설명한 일반교육과정을 찾는 결정의 틀은 팀 구성원들이 평가해야 할 지식, 기술 및 과정을 판별할 수 있도록 도와줄 것이다. 이것은 3단계의 과정이 요구된다.

단계 1: 특정 학년의 모든 학생이 학습할 것으로 기대되는 각 과목의 내용 범위 내에서 일반교육과정과 관련된 결정적이고 영구적인 지식을 판별한다.

단계 2: 핵심적 지식의 사용에 있어서 숙련된 학습자가 능숙하게 사용해야 하는 핵심적 지식, 기술, 과정을 분석한다. 이 단계는 위계적이지(예를 들면, 가장 낮은 수준의 기술을 향해 내려가는) 않고, 무의미한 기본 기술의 하위 영역들에 초점을 맞추어 종종 관련성이 없는 장·단기 목표로 귀결되는 미세분자 분석을 포함하지 않는다는 점을 제외하면 많은 특수교사들에게 익숙한 과제 분석의 과정과 다소 유사하다. 일반교육과정에서 요구하고 있는 생산적인 사고와 문제 해결과 같은 것에 대해 이야기할 때 전체는 부분의 합보다 더 크다는 사실을 명심해야 한다.

우리가 2장에서 논의한 일반교육과정의 핵심 요소들을 명심해야 한다. 일반교육과정은 목표를 가지고 있고, 영역들로 구성되며, 시간과 관련된다. 수학, 과학 및 국어 교육과정이 성취하고자 하는 전체적인 목표들을 생각해야 한다. 특정 학년 수준 혹은 영역의 목표들을 검토해야 한다. 이들 일반교육과정 목표가 학생이 이미 학습했을 것으로 기대하는 것을 되돌아보고, 가까운 혹은 먼 미래에 학생이 학습할 것을 기대하는 것을 예견해야 한다. 마지막으로, 학생이 보다 전문적인 지식망을 개발하도록 돕기 위해 다양한 형태의 사실, 개념, 규칙 및 과정이 교육과정 안에서 서로 잘 맞는 방법을 고려해야 한다.

단계 3: 3장에서 논의한 것과 같이 개별 학생의 결정적 지식, 기술, 학습 과정과 전략의 사용을 결정한다. 예를 들면, 여러분은 기본적 읽기, 더 전문적이고 음성학적인 분석, 유창성, 특정 어휘들 및 언어적 구조와 개념과 같은 영역들에서 학생의 기술 수준에 대한 정보를 얻고자 할 것이다. 사실 각 교과목 영역에서 학생의 시험 결과 이상의 것을 알아야 한다. 낮은 수행이 기억과 학습 과정과 관련된 문제로 발생하는 것인지 혹은 학생이 지식을 설명하는 방식과 관련된 것인지를 이해해야 한다. 예를 들면, 학생의 쓰기 영역에서의 어려움이 학생이 특정 주제에 대한 지식의 정도를 표현하는 것을 방해하는가?

또한 평가는 반드시 학생이 문제를 해결하기 위한 정보에 접근하고 새로운 지식을 배우는 방법을 포함해야 한다. 예를 들면, 학생의 학습 문제와 기억 문제가 읽기에 대한 전략적인 지식에 접근하고 이용하는 것을 어떻게 방해하는지에 대해 생각해야 한다. 학생이 멀티패스 (multipass; 역자 주: Schumacher와 동료들[1984]이 학습장애학생의 읽기 이해를 돕기 위해 개척한 조사 단계, 본문 단서 단계 및 정리 단계로 구성된 교수 기법)와 같은 이해 전략을 사용하는 데 실패한다면, 그것은 (a) 우선 학생들이 그 전략을 배우지 못하였거나, (b) 그 전략을 시작하는 방법을 잊어버렸거나 혹은 (c) 읽기 과제에서 그 전략이 도움이 된다는 것을 나타내는 특징을 재인하지 못하였기 때문이 아닐까? 각각의 이러한 상황들에 따라 IEP상에서 지시하는 특정화된 교수 유형이 달라질 것이다.

물론 과거에 어떠한 교수 전략들이 학생의 학습에 도움이 되었는지도 알아야 한다. 이러한 분석에는 3장에서 설명한 학습한 정보의 사용과 습득 과정을 포함하는 학습 과정에 대한 일반적인 분석과 4장에서 논의한 몇 가지 평가 도구가 관련될 것이다.

다음 질문들은 평가를 위한 지침으로 활용할 수 있다.

- **IEP에 진술된 시간(일반적으로 한 학년) 동안 교과목별 교육과정(수학, 과학, 국어, 체육 등) 내에서 아동과 동일한 학년의 "전형적인" 학생들이 알아야 하고 해야 할 것으로 기대하는 것은 무엇인가?**

- **과목별 지식과 관련하여 기대되는 핵심 목표 혹은 수행 기대는 무엇인가?** 학생의 숙달 수준의 성취가 어떻게 나타나는지 규정해야 한다. 예를 들면, (a) 특정 유형의 글을 독립적으로 읽을 수 있고, 특정 형태의 질문에 답할 수 있다, (b) 다양한 일상적 상황들에서 크기와 양을 정확하게 측정할 수 있다, (c) 논리적으로 생각을 정리하고, 문법과 문장 부호의 규칙을 정확히 사용하여 논리적인 글, 설득력 있는 작문을 할 수 있다.

- **이러한 영역들에서 대상 학생의 현재 수행은 어떠한가?** 교육과정 중심 평가, 학습 결과물, 부모, 교사, 다른 팀 구성원으로부터의 의견을 포함한 다양한 자료를 살펴보아야 한다. 4장에서 논의된 준거 참조적 평가 전략들이 유용할 것이다. 특정 학년의 교과목별 내용에 대해 기본 수준 혹은 기본 이하 수준에 있는 학생뿐 아니라 숙련되고 우수한 다른 학생들의 학습 결과물을 검토하는 것 역시 유용하다. 교사들은 수행 목표가 무엇인지 결정할 수 있고, 또한 특정 학생이 추가적인 교수를 필요로 하는 영역이 무엇인지 판별할 수 있다.

- **학생의 장애가 그들의 수행에 어떠한 방식으로 영향을 미치는가?**

교육적 평가는 읽기와 쓰기에서와 같은 특정 기술 결손에 더하여 학생이 관심을 갖는 것, 집중하는 것, 교수, 학생의 조직화 기술과 다른 학습 과정들과 같은 것들을 고려해야 한다. 3장의 내용이 유용할 것이다.

IEP 결정 과정 단계 1의 성과는 다양한 과목 영역에서의 학년별 기준, 교육과정 목표, 개발해야 할 학습과 관련된 학생의 출발점을 정의하는 명확하게 규정된 지침이다.

단계 2: IEP 목표들의 선정과 지원의 판별

이 단계에 이르면 교육과정 내에서 학생의 수행 수준을 판별할 수 있는 일련의 증거들이 수집되었다. 학생이 특정 교육과정 영역에서 진전을 이루고 능숙해지기 위해 추가적으로 집중적 교육과정이 필요하다는 증거가 있는가? 그렇다면 특정 교육과정 영역 내에서 학생이 필요로 하는 조정, 수정 및 전문적인 교수 혹은 다른 서비스는 무엇인가? 반대로 학생이 따라잡아야 하거나 유지해야 하는 것은 무엇인가?

예를 들면, 한 6학년 학생이 학년 수준의 과학적 개념과 용어에 대한 기본적인 이해력을 가지고 있지만 과학 교과서를 읽는 능력은 학년 수준에 미치지 못한다. 이 학생은 과학 영역에서 학습을 유지하기 위해 더 집중적인 어휘 훈련과 읽기와 관련된 조정이 필요하다. 또한 이 학생은 읽기 유창성과 기본적인 쓰기 과정에 대한 직접 교수가 필요할 것이고, 일반교육과정 내에서 학생을 돕는 조정(예: 쓰기 소프트웨어 프로그램이나 철자 확인)이 제공되어야 할 것이다. 이 학생의 IEP에는 특정 기술 영역들에서의 학업 성취와 기능적 수행 수준을 향상하기 위한 목표가 반드시 포함되어야 한다. 학년 수준 교육과정 내에서 지속적인 진전을 위해 학생이 지원을 받고 조정을 받는 다른 영역들에 대한 설명 역시 반드시 포함되어야 한다. 〈Box 6. 1〉과 〈Box 6. 2〉에 설명된 예들은 IEP 목표 선정과 적합한 지원을 판별하는 과정을 보여 준다.

〈Box 6. 1〉과 〈Box 6. 2〉는 교육과정적 조정에 대한 두 가지 예를 설명하고 있다. 제이슨(Jason)의 경우, 조정을 통해 학년 기준에 충분히 접근할 수 있는 것으로 기대된다. 펠릭스(Felix)의 경우는 교육과정의 핵심 영역에서 조정을 통해 학년 수준의 내용과 성취 기대치에 접근할 것이고 다른 영역들에서는 교육과정 수정이 이루어질 것이다. 두 사례 모두에서 이러한 학생들이 일반교육과정에 충분히 접근하고 진보할 수 있으며, 성취 기준에 도달하는 진전을 기대할 수 있다.

이제 실제로 IEP의 장·단기 목표와 벤치마크를 만들 수 있다.

Box 6. 1 제이슨

제이슨(Jason)은 4학년 때부터 특수교육을 받고 있는 7학년 학생이다. 제이슨은 읽기에 어려움을 가지고 있으며 쓰기와 철자에도 어려움이 있다. 제이슨은 읽기가 매우 느리고, 결과적으로 과제를 완성하는 것과 이해에 문제를 보인다. 그러나 구두로 제시되는 자료에 대해서는 상당한 이해를 보이고, 교사가 학습에 보편적 설계의 원칙을 효과적으로 적용하여 오버헤드프로젝터를 이용한 도표, 칠판에 단계별로 세분화된 지시 적어 두기 또는 그래픽 조직자 및 학습 안내를 위한 학습 활동지와 같이 학급 내의 환경에서 사용 가능한 추가적인 단서들을 사용하였을 때에는 학급 내의 과제를 완성할 수 있다.

교사들은 핵심적인 학습 영역에 대해 요구되는 시험을 통해, 제이

(계속)

Box 6. 1 제이슨 (계속)

슨이 유창하게 읽기를 할 수 없으며 교과서와 다른 교육과정 자료를 읽는 데 있어서 도움이 필요하다는 것을 확인하였다. 또한 교사들은 쓰기 과정에서도 분명한 차이가 있으며 철자와 어휘 학습에도 결함이 있음을 주목하였다.

제이슨의 IEP 팀은 두 가지 영역을 다룰 것을 결정하였다. 첫째, IEP 팀은 내용 영역에 있어서 느린 읽기를 보상할 수 있도록 돕기 위한 조정과 교수적 지원의 유형을 명시해야 한다. 또한 제이슨이 자신의 학습 과정을 조직화할 수 있도록 돕는 전략을 명시해야 할 것이다. 전체적인 목표는 제이슨이 다양한 과목의 내용에 대해 잘 조직화되고 이용이 가능한 지식망의 개발을 시작하도록 돕는 것이다. 이것은 제이슨이 이후 교육과정 내에서 더 복잡한 정보를 학습할 수 있도록 도울 것이다. 제이슨이 복잡한 형태로 제시되는 정보를 접하게 된다는 것이 가장 중요하게 될 것이다. 조정은 구조화된 학습 안내, 또래학습 짝꿍(peer study-buddies), 그리고 복잡한 문제 해결이 요구되지만 많은 양의 읽기가 포함되지 않는 실질적인 활동을 통해 정보를 이용하는 기회를 다양화하는 것 등을 포함한다.

둘째, 제이슨은 읽기와 쓰기에서 집중적인 지원이 필요하다. IEP 팀은 특수교사와 읽기 전문가가 제이슨의 워드어택(word attack; 역자 주: 읽기 맥락에서 모르는 단어를 이해하기 위한 기술. 음소 인식 능력에 기초하며, 진보된 워드어택 기술은 맥락, 접두사 혹은 접미사, 사전을 활용하는 것을 포함함) 기술을 개발하도록 돕기 위한 특별한 읽기 프로그램을 실시한다. 교사는 또한 특정 과목 영역에서 제이슨의 어휘 강화를 위한 집중적인 훈련을 시작할 것이다. 어휘 목록은 제이슨의 과목별 교사와 함께 공동으로 개발할 것이고 각 과목의 핵심적인 용어들에 초점을 맞출 것이다. 또한 특수교사는 과목의 내용 영역 정보를 학습하는 데 사용될 수 있는 다양한 형태의 이해 전략을 학생이 습득하고 손쉽게 이용하도록 도와야 한다. 특정한 쓰기 프로그램은 또한 제이슨의 쓰기 과정의 강화를 돕기 시작할 것이다. 이러한 영역들에는 측정 가능한 연간 목표가 필요하다.

Box 6. 2 펠릭스

3학년인 펠릭스(Felix)는 주의력결핍 및 과잉행동장애와 의사소통장애를 동시에 가지고 있는 것으로 판별되었다. 펠릭스는 알파벳을 알고 문자-소리의 관계를 대부분 알고 있지만 독립적인 읽기는 아직 할 수 없다. 펠릭스는 말하기에는 어려움이 없지만 구어와 문어에서 발달적으로 비슷한 또래보다는 많이 뒤떨어져 있다. 펠릭스는 또한 전형적인 수업 시간 동안 주의 집중을 하는 데 어려움을 갖고 있으며, 교사들은 "펠릭스가 수업 시간 동안 잠이 들고, 매우 잘 잊어버리는 것으로 보인다."고 했다.

펠릭스에 대한 평가는 펠릭스가 평균보다 약간 낮은 수준의 IQ 점수를 보이지만 일부 영역(예: 일반적인 지식과 공간 추론)에서는 동일 연령 수준의 규준을 넘어서거나 동일하다는 것을 보여 준다.

펠릭스는 4학년의 기준과 교육과정에 대한 접근이 이루어져야 한다. 또한 반드시 특정 읽기 교수뿐 아니라 철자, 쓰기 및 언어 발달 영역에서의 교육을 받아야 한다. 이것은 무리한 요구이며, 펠릭스의 특수교사와 일반교사는 반드시 일반교육 기준에 대한 정확한 이해가 필요한 몇 가지의 어려운 결정을 내려야만 한다.

첫째, 펠릭스의 IEP 목표는 반드시 기본적인 읽기 문해력과 언어 발달 기술(예: 어휘 증진과 더 복잡한 구문으로 확장)에 대해서도 기술해야 한다. 펠릭스의 교사는 펠릭스가 4학년의 학년 내용을 배우도록 도울 수 있는 조정과 지원을 필요로 한다는 것을 알고 있지만 주의 집중의 어려움과 빈약한 언어 기술 때문에 학습이 느릴 것이고 4학년 교육과정 전체를 따라갈 수 없다는 것을 알고 있다.

수학에서 교사는 문제 해결과 응용수학 계산 영역에서 계산기와 쓰기 소프트웨어 프로그램을 사용하는 것 외에 다른 개선 사항이 필요한지 결정해야 한다. 또한 수학에서 가장 중요한 혹은 가장 필수적인 교육과정 단기 목표에만 초점을 두는 것에 동의한다.

(계속)

Box 6. 2 펠릭스 (계속)

예를 들면, 등식과 부등식에 대한 4학년 수학 기준은 다음과 같은 목적으로 나타낼 수 있다:

(a) 수식을 쓰고 증명하기
(b) 연산 부호(+, −, ×, ÷) 사용하여 수량 나타내기
(c) 등식을 결정하고 증명하고, 쓰고, 문제를 풀고, 등식과 부등식 적용하기
(d) 각각의 변에 관계부호(>, <, =)와 연산부호(+, −, ×, ÷)를 이용하여 관계 나타내기
(e) 연산 부호(+, −, ×, ÷)와 전체 숫자(0-200) 사용하기
(f) 등식에서 미지 항 찾기

펠릭스의 수학교사와 특수교사는 협력적으로 펠릭스가 동량의 개념과 등식을 만드는 데 필요한 기본적인 절차에 대해 알아야 한다는 것을 결정한다. 또한 펠릭스는 연산 부호를 이해해야 하고, 이러한 기준에 도달하는 데 결정적이라고 생각하는 핵심적인 스무 가지 용어를 판별한다. 교사들은 개념을 가르치기 위해 사용할 수 있는 교수 자료에 대해 논의하여 처음에는 한 자리 수, 다음으로는 두 자리 수에 초점을 두는 것에 동의한다.

과학과 사회에 대해서도 비슷한 결정이 내려졌다; 펠릭스는 과학과 사회 과목의 정보를 습득하도록 돕기 위해 컴퓨터 중심의 교육과정 자료를 활용하게 될 것이다. 게다가 특수교사는 몇 가지 단순한 전략(3장에서 논의됨)을 개발하여 펠릭스가 주요 개념에 초점을 맞추고 어떻게 새로운 학습 과제에 접근하는지에 대한 단계를 개발할 수 있도록 도왔다.

읽기와 언어 영역에서 펠릭스는 기본적인 워드어택(word attack) 기술과 유창성을 향상하기 위해 대부분의 시간을 할애할 것이다. 그러

(계속)

Box 6. 2 펠릭스 (계속)

나 듣기, 독립적 읽기, 여러 가지 문학과 정보 관련 자료에 대한 논의를 포함하는 다양한 문서를 이용해서 다른 핵심 교육과정 기준들에 뒤지지 않게 할 것이다. 교사는 다음과 같은 세부적 지원 전략들을 채택할 수 있다.

- 교재, 교수 및 대화에서 매일 만나게 되는 단어와 단어의 의미 논의하기
- 매주 심도 있게 학습해야 할 12-20개의 단어들을 판별하고 새로운 단어에 대한 개념적인 이해 개발하기
- 녹음된 많은 학년 수준의 책과 펠릭스의 읽기 수준에 맞는 다른 문학 자료 선택하기
- 교과서 내용에서 나오는 어휘 단어들을 선택하고, 자신의 읽기 수준의 책에서 단어를 스스로 선택하도록 하기

단계 3: IEP의 연간 목표 설정

IEP의 연간 목표는 한 학년의 끝에 개별 학생이 도달해야 할 목표다. 2004년 미국장애인교육법의 개정안은 대안적 성취 기준을 가지고 있어 대안적 평가를 실시해야만 하는 소수의 학생을 제외하고는 IEP가 목적 혹은 벤치마크의 서술을 요구하지 않고 있다는 것을 주목해야 한다. 이러한 학생들을 위해 IEP 팀은 연간 목표와 목적, 벤치마크를 상세히 설명해야 한다. IEP 목표는 교수에 초점을 맞추어 분명해야 하고 정기적으로 평가되고 보고되어야 한다. 동시에 목표는 교수를 제한할 만큼 세세할 필요는 없다. 목표는 일반교육 내용과 성취 기준 및 교육과정

을 명확하게 반영하여야 한다.

학생들의 IEP에 교수적 목적과 벤치마크가 포함되는 경우, 이것들은 간단하게 궁극적 목표 혹은 연간 목표를 향한 더 많은 중간의 짧은 단계들로 아마도 학사 일정에서는 채점 기간과 관련될 것이다. 교수적 단기 목표의 일부가 〈Box 6. 3〉에 묘사되어 있다. 효과적인 단기 교수 목표를 개발하는 방법에 대한 더 많은 정보가 필요하다면, Robert F. Mager(1997)의 『교수적 목적 준비하기: 효과적인 교수 개발의 결정적 도구(*Preparing*

Box 6. 3 교수적 목적의 분석

"목표"(goal)와 "목적"(objective)은 종종 교환되어 사용된다. 목표는 교수의 결과로 기대되는 장기적인 성과를 나타내고, 목적은 길을 따라가는 중간의 단계들이다. IEP에서 목표는 일반적으로 일 년에 초점을 두고, 목적은 일반적으로 다음 사분기(quarter)에 발생할 것으로 기대하는 것을 반영한다. 주와 학교지역구의 교육과정 구조 내의 내용과 수행은 1년에서 3년에 걸친 목표로 생각될 수 있다. 이러한 시간적인 초점에 상관없이, 모든 목표와 목적은 다음 질문들에 답한다:

누가?	할 일?	무엇을?	어느 정도?	어떠한 조건에서?

누가?	목표 달성할 것으로 기대되는 특정인
할 일?	실행될 때 관찰될 수 있는 행위 동사
무엇을?	학생이 무엇을 할 것인지 명확하게 표현하기
어느 정도?	목표 달성을 위해 수립한 최소의 기준에 대해 명확히 하라. 이 기준을 충족하지 못한다면 목표는 달성되지 않은 것이다.
어떠한 조건에서?	목표가 관찰될 맥락을 명시하라. 이것은 "난이도"의 표시다. 예를 들면, "3분 시험"과 "하룻밤의 숙제"는 매우 다른 조건을 나타낸다.

(계속)

Box 6. 3 교수적 목적의 분석 (계속)

여기에서는 학생이 최종 에세이 초고에 동료 피드백을 반영하는 것을 배우도록 하기 위한 하나의 사분기 목표의 예를 제시한다:

누가?	할 일?	무엇을?	어느 정도?	어떠한 조건에서?
로저(Roger)	쓰기	창의적인 에세이의 최종본	철자나 구두점 오류 없음	쓰기 파트너가 로저의 첫 번째 초고를 교정한 후

교수적 단기 목표는 원래 행동주의적인 전통을 따르는 교사들이 옹호하였다. 이것은 일부 교사가 교수적 단기 목표가 학생의 태도나 사고 기술과 같은 쉽게 관찰될 수 없는 영역에서는 적절하지 못한 것으로 믿게 하였다. 모든 중요한 교육적 결과가 직접적으로 측정될 수 없다는 것은 사실이지만, 단기 목표는 정서적 혹은 내적인 인지적 작업에 대해 서술할 수 있다. 그렇게 하기 위해서 수업이 효과적인지와 기대하는 사고의 변화가 일어났는지를 알 수 있는 방법에 대해 생각하라. 예를 들면, 다양한 장르의 쓰기(예: 수필, 자서전, 과학소설, 소설 등)에 대한 감상을 개발하기를 원한다고 가정하자. 여기에 서술할 수 있는 분기 목표가 있다:

다음 두 달간……

누가?	할 일?	무엇을?	어느 정도?	어떠한 조건에서?
다이앤 (Diane)	선택하기	최소 세 가지의 다른 유형	읽기	자유 시간 동안 선택의 기회가 주어졌을 때

Instructional Objectives: A Critical Tool in the Development of Effective Instruction)』를 참조하면 좋을 것이다.

일반교육과정을 참조하는 IEP를 개발할 때, 교사들은 연간 목표가 일반교육에서 학생들이 특정 기간 동안(예: 학기, 학년, 단원 및 채점 기간) 혹은 교육과정에서 중요한 전환의 시점을 나타내는 복합적인 학년 단위(예: 저학년, 중학년 및 고학년) 동안 학습할 것으로 기대되는 것을 포함하도록 설정하는 것을 생각해야 한다.

다년간의 목표들을 생각하는 것은 여러 가지 이유로 중요하다. 첫째, 특수교사들은 반드시 매년 주와 학교지역구의 핵심 평가에서 모든 학생이 알아야 하고 시연해야 하는 것에 주목해야 한다; 이러한 평가들은 축적된 지식을 반영한다. 특히 이러한 평가의 결과가 학생이 다른 학년으로 진급하거나 고등학교 졸업장을 받는 것과 같이 개별 학생에게 중대한 결과가 될 때 중요하다. 개별 학생의 IEP는 교육과정의 더 높은 단계로 진전하기 위한 단계별 디딤돌을 묘사한다. 교사들은 한 학년과 같이 제한된 기간 동안은 매우 단편적이거나 비연속적인 학습자의 기대를 반영하는 목표를 세울 수 없다. IEP를 진술할 때 전통적으로 사용되어 온 형태라 하더라도, 단편적이거나 비연속적인 목표들은 주 기준에 의해 정의되고 주와 학교지역구 평가에 의해 측정되는 일련의 광범위한 지식, 기술 및 과정들을 향해 학생들이 진전할 수 있도록 하지 못할 것이다.

도전

과거 IEP 개발의 실제는 장애를 가진 학생의 비연속적인 기술 결함을 측정하고 가장 작은 교수 단위로 나누기 위해 기술을 과제 분석하는 것에 주로 초점을 두었다. 특정 기술의 결함들이 빈번하게 연간 목표가 되었고, 가장 작은 교수 단위는 IEP의 목적으로 서술되었다. 이러한 실제들은 학습은 위계적이며, 더 복잡한 기술의 학습은 모든 작은 단위들을 습득할 때까지는 이루어질 수 없다는 가정에 기초하고 있다. 이 접근은 현재 학생에게 기대하는 학습 유형에는 효과적이지 않을 것이다. 학생이 일반교육과정으로 접근하여야 할 때 교사들이 기대하는 교수 유형과 일치하는 IEP 목표(목적 혹은 벤치마크)를 수립하지 못할 것이다. 다음의 질문들은 학생이 교육과정 내에서 기능하는 곳에 대한 지식을 실질적인 IEP 목표로 전환하는 데 도움이 될 것이다.

목표가 필요한가?

IEP 결정 과정에서 연간 목표와 목적 혹은 벤치마크는 특정 학생을 위해 일반교육과정 내용이나 내용 기준이 수정되거나 대안적 성취 기준이 구체화된 과목 혹은 교육적 요구에 대해서만 정의된다. 즉, 학생이 조정 여부와 관계없이 일반교육의 동일 학년 수준의 학생과 동일한 수준의 지식과 기술의 성취를 보여야 한다면 IEP 목표가 필요하지 않다. 그러나 IEP에는 교육과정과 교수적 지원 및 조정과 이러한 지원을 제공하는 책임자들이 반드시 명확하게 묘사되어야 한다.

개별화된 IEP 목표는 관련 서비스뿐만 아니라 학생이 전문적인 교육을 받을 수 있는 일반교육과정 이외의 교육적 요구 영역에 대해서도 구체적으로 명시해야 한다. 예를 들면, 구어와 언어, 작업치료 혹은 물리치료와 관련된 목표들이 명시될 수 있다. 덧붙여서 교수해야 하는 사회성 및 행동적 목표와 지원, 특정 학습 전략들 혹은 일반교육과정 외의 다른 기술들이 IEP 목표에서 진술될 필요가 있다.

답해야 할 다른 중요한 질문들은 다음과 같다:

- 판별한 영역들에서 학생이 학년 말에 할 수 있게 되기를 기대하는 것은 무엇인가?
- 학생이 일반학생들과 동일한 방법으로 동일 수준의 성취 혹은 수행을 할 것을 기대하는가?
- 학생에게 조정이 필요할 것인가? 만약 그렇다면 무슨 과목에서 어떤 조정들인가? 이러한 조정이 평가 동안에도 필요한가?

조정으로 간주될 수 있는 활동 혹은 지원의 잠재적인 유형들과 목적에 대해 살펴본 5장의 조정에 대한 논의를 검토해야 한다. 예를 들면, 학급 수업을 대체하기 위해 추가적인 교수가 제공되거나 특수교육이 실시될 수 있다. 학생은 학급 내 다른 학생들보다 명시적인 접근을 통하여 읽기 교수를 받을 수 있다. 또한 더 많은 설명을 통한 재교육과 연습을 위한 추가적인 기회들이 있을 수 있다.

특정 일반교육과정 목표의 수정을 고려하기 전에, IEP 팀은 일반교육과정에서 가능한 모든 조정이 이루어졌는지에 대해 고려해 보아야 한다.

교육과정 수정과 대안적 성취 기준을 위한 IEP 목표의 설정

IEP 팀이 특정 학생을 위해 일반교육과정의 부분이 반드시 수정돼야 한다거나 대안적 성취 기준을 수립해야 한다고 결정했다면, 첫 단계로는 학생이 모든 가능한 교수적인 조정에 접근해 보았는지에 대해 재고하고 특정 과목, 지식, 기술 및 과정과 같은 수정을 필요로 하는 각각의 영역에 대해서 명확하게 판별해야 한다. IEP 목표는 그러한 영역들을 명시해야 하고, 일반교사 및 특수교사와 부모 모두가 일반교육과정의 수정을 위한 결정에 대해 논의하고 협력해야 한다. 일단 학생이 일반교육과정에서 분리되면 학생이 학년 수준의 수행으로 돌아가는 것이 어려워지기 때문에, 수정에 대한 결정은 쉽게 이루어져서는 안 된다. IEP 팀의 모든 구성원은 내용의 변화가 학생이 중요한 지식을 학습할 기회를 얼마나 감소시키는지, 기회의 부족이 이후의 성취와 교육적 성과에 어떠한 영향을 미치는지에 대해 신중하게 고려해야 한다.

수정된 교육과정을 반영하는 연간 IEP 목표를 개발하는 것은 특정 내용 영역 내에서 핵심 혹은 결정적 지식에 대해 교사가 반드시 결정해야 하는 앞서 언급되었던 "교육적 분류"가 요구된다. 이러한 결정을 내리는 데 중요한 질문들은 다음을 포함한다:

동일 내용을 가르치지만 대안적인 성취 기대를 정의할 것인가?

일반적인 학생에게 제공되는 것과 동일한 지식과 기본 개념을 모두 제공하지만 학생이 성취하거나 설명해야 하는 것의 기대 수준을 낮추거나 대체하는 것이다. 이 결정은 더 적은 내용을 가르치는 것과 매우 밀접하게 관련된다. 그것은 학생이 교사가 가르치는 모든 내용의 수업을 받지만 동일 연령의 일반 아동보다 더 적은 혹은 쉬운 수준의 내용을 학습할 것으로 기대한다는 것이다.

이것은 학생에게 대안적 기대 수준을 가짐에도 불구하고 교수 시간과 다른 자원들은 학생이 모든 학급 내의 교수에 적합할 수 있도록 할애되어야 할 것을 가정하기 때문에 매우 까다로운 수정이다. 그러나 IEP 팀은 일반교육과정에서 중단된 것과 생략된 것에 대한 임시변통적인 결정들을 내려야 하는 위험에 처하게 되는데, 이것이 일반교육과정 외적인 다른 결정적인 교육적인 요구들을 다루는 중요한 자료 혹은 특정 기술들을 학습할 기회를 상실하게 할 수 있기 때문이다.

적은 내용을 가르칠 것인가?

　　학생에게 명시적으로 교수해야 할 교과 내용의 전체 양을 감소시키는 것은 동일 내용을 교수하고 수행 기대를 변경하는 것과는 다르다. 이러한 수정에는 다음과 같은 여러 가지 방법이 있다: 학생이 더 적은 수의 목표 혹은 교육과정의 벤치마크를 달성하는 것, 더 짧은 단원이나 단원의 부분을 완성하는 것, 더 적은 쪽수나 단락을 읽는 것, 더 짧은 수업이나 수업의 일부에 참여하는 것.

　　내용을 줄이는 것에서 핵심적인 고려 사항은 앞에서 IEP 팀이 주어진 학년에 부과된 광범위한 교육과정 목표 내에서 가장 중요한 지식을 결정하고 초점을 두기 위한 질문들과 유사하다. 이 과정에서 주의 내용 및 성취 기준의 역할은 과소평가될 수 없다. 내용 기준의 목적은 결정적 지식의 집합을 정의하는 것이다. 교사가 핵심 기준을 넘어선 교수적 목표와 활동들을 자신의 수업과 수업 계획에 포함시킬 수 있다는 것을 이해하는 것은 중요하다. 만약 IEP 팀이 반드시 학생이 학습할 내용의 분량을 제한해야 한다면 팀은 반드시 기준 내에 명시된 필수적 지식을 알아야 하며, 단순하게 교육과정에서 가장 가르치기 쉽고 학생이 학습하기 쉬운 기술들을 선택해서는 안 된다. 주의 기준에 덧붙여, 3장에서 설명한 예들이 가르칠 내용에 대한 결정에 도움이 될 것이다.

　　〈Box 6. 4〉는 목표와 기준이 연계되어야 하는 방식의 예를 보여 준다. 〈Box 6. 4〉의 수정된 목표에 대한 예들은 공간 지각, 측정, 기하학과 관련된 4학년 수학의 일반교육과정 목표로 정의한 열 가지 혹은 열두 가지 중 두 가지 정도에 불과하다. 이 예에서 교사들이 기준 혹은 일반교육과정 목표를 재진술하기 위한 병행적 활동으로써 IEP 개발에 접근한다면, 목표 수립의 과정은 분명히 매우 복잡하고 시간 소모적이 될 것이다.

대신에 교사는 교육과정의 필수적 영역들에서의 숙달을 향한 학생의 진전을 보기 위해 의도하는 성취에 익숙해질 필요가 있다. 일단 IEP 팀이 학생이 무엇을 하는 것을 "보려는" 것인지 명확하게 이해한다면, 팀은 기준에서 계획한 희망하는 학생의 수행을 반영하는 연간 목표를 개발하는 방법을 더 정확하게 이해하게 된다.

IEP 팀은 또한 학생이 교육과정 수정과 다른 교육과정 영역과 관련된 교수적 조정들의 필요성 여부를 고려해야 한다. 만약 필요하다면, 필요한 것은 어떤 것들인가? 기존의 기술과 능력을 증진시킬 수 있는 조정이 있는가? 조정이 학습 과제 자체의 변경 없이 학생의 장애를 보상하거나 우회할 수 있는가?

Box 6. 4 목표와 기준의 관계

기준: 학습자는 도형과 측정 단위의 특징과 관계를 이해하고 적용할 수 있다.

일반교육과정 목표: 다면체의 특성을 판별하기 위해 조작물, 그림 자료 및 적절한 어휘를 사용한다; 환경에서 다면체를 판별한다.

수정된 목표: 학생의 집과 학교 환경에서 친숙한 사물의 특성과 모양을 설명하는데 다양한 학습 교구, 그림 및 실제 생활용품을 사용한다.

일반교육과정 목표: 다음과 같은 단위를 사용하여 길이, 부피 및 질량을 계산하고 측정한다: 인치, 야드, 마일, 센티미터, 미터, 킬로미터; 밀리리터, 컵, 파인트; 킬로그램, 톤.

수정된 목표: 인치, 컵 및 파인트를 사용하여 학생의 가정과 학교에 있는 익숙한 물건과 공간의 길이, 넓이 및 부피를 계산하고 측정한다.

어떤 전문적 중재가 필요할 것인가?

IEP 팀은 수정된 교육과정 IEP 목표의 진술 방법을 결정해야 할 뿐만 아니라, 일반교육과정 이외의 영역들에서 학생의 추가적인 교육적 요구들 역시 고려해야 한다. 팀은 반드시 IEP에서 이 내용들을 진술하고 연간 목표를 명시해야 한다.

대안적 성취 기준을 설정할 것인가?

대안적 성취 기준은 일반적으로 심각한 인지장애를 가진, 매우 개별화된 연간 IEP 목표와 목적 혹은 벤치마크를 가진 소수의 학생에게 적용한다. 연간 목표들은 주 기준에서 반영하는 동일한 교과 영역들을 중심으로 하지만 매우 여러 가지의 지식과 기술 요건들을 반영한다.

대안적 기준에 기초한 목표를 가진 학생은 전기와 자기 단원을 배우는 수업 동안 전기와 관련된 개인 안전에 대한 단원을 학습할 수 있다. 그 학생은 학급 내의 다른 학생들과 다른 교수 자료를 사용할 수도 있다. 예를 들면, 읽기장애를 가진 학생이 문학 수업 시간 동안 책 혹은 쉬운 읽기 자료나 정보에 접근하고 반응하기 위해 보조공학 장비를 사용할 수 있다.

연간 목표는 어떤 지식을 학습해야 하고, 학생이 그 지식을 가지고 해야 할 것인지에 대한 기대와 성과를 분명하게 명시해야 한다. 대안적 성취 기준에 근거한 IEP 목표는 동일한 다년간의 장기적 견해를 반영하여 개발해야 한다. 즉, IEP 팀은 특정 지식이나 기술이 선택된 이유와 이러한 기술들이 장기적인 교육적 성과에 미치는 영향에 대해 명확히 해야 한다. 또한 목표는 학생이 이용 가능한 교수 시간과 교수 환경의 범위 내에서 측정 가능하고 습득이 가능해야 한다. 교사들은 목표가 얼마나 고상하게 진술되었는가에 대한 관심을 줄이고 교육적 목표로서의

정확성에 보다 초점을 두어야 한다. 2장에서 논의된 즉각성과 구체성의
요소를 여기서 고려해야 한다.

IEP 목표는 주에서 요구하는 대안적 평가와 함께 계획되어야 한다.
마지막으로, 대안적 성취 기준에 기초한 IEP 목표는 학생에 대한 도전적
인 기대를 반영해야 한다. 목표는 낮은 수준의 기술들에 한정되지 않아
야 한다. 그러나 동시에 학생의 미래에 필수적인 핵심적 학업 및 기능적
기술들을 반영해야 한다.

IEP의 목적과 벤치마크

2004년 미국장애인교육법 개정안은 앞서 설명한 것과 같이 대안적
인 성취 기준을 갖는 학생을 제외하고는 IEP에 목표, 목적 및 벤치마크
를 반드시 포함해야 한다는 요건을 삭제하였다. 목적 개발에 대한 규정
의 변화는 IEP 관련 문서 작업을 감소시키고 보다 도전적이며, 주 기준
과 일반교육과정에 더욱 일치하는 IEP로 이끌기 위한 것이다.

그렇지만 목적과 벤치마크들은 부모, 학생 및 교사에게 특정한 교
수 내용에 대한 중요한 정보를 제공할 수 있다. 그러나 2장에서 매우 관
찰 가능하고 측정 가능한 목적과 광범위하고 일반적인 교육과정 목표의
진술 간에 반드시 도달해야 하는 균형에 대해 논의했다. 벤치마크의 사용
은 이러한 균형을 맞추는 한 방법이다.

목적이 명확한 단계를 정의한다면, 벤치마크는 IEP 목표로 향하는
중간의 정류장들이다. 벤치마크는 학년 동안 핵심적인 시기에 기대되는
수행의 예시들이다. 일반교사에게는 이 벤치마크들이 빈번하게 채점 기
간 혹은 학기 동안 전달되는 단원이나 교수 단위로 바뀐다. 〈Box 6. 4〉
의 예에서 목표는 또한 결정적 벤치마크와 지표를 갖는다. 예를 들면,

학생에게 학년 초에 다양한 물체의 길이, 넓이 및 거리를 측정하기 위해 척도법을 사용하는 것을 기대할 수 있지만, 첫 채점 기간의 마지막에는 척도법을 사용하여 문장제 문제를 해결하기를 기대한다. 이러한 초기 벤치마크들에는 다음 시기를 위해 다른 측정 기술을 다루는 다른 벤치마크들이 뒤따른다. 교사들이 보다 명확하기를 원한다면 목적을 벤치마크와 함께 작성해야 한다.

　다시 말해서, 뉴욕에서 출발하여 로스앤젤레스까지의 자동차 여행을 위한 경로를 생각한다면 매일 밤 어디에서 묵어야 할 것인지에 대한 계획이 필요하다는 것이다. 선택한 경로나 여행의 속도는 목적을 수립하는 것처럼 자신의 필요나 계획에 근거하여 결정된다. 그러나 매일 반드시 진전을 점검하고 필요하다면 계획을 수정해야 한다. 마찬가지로 IEP는 반드시 교사, 부모 및 학생에게 학습의 여정에 대한 지도를 제공해야 한다. 여기에서 주의해야 할 것이 있다. 습득 비율을 기초로 IEP 목적을 작성하는 전통적인 방법은 복잡한 사고력이나 문제 해결력과 관련된 목적을 수립하는 데는 유용하지 못하다. 예를 들면, 학생이 "85%의 정확도로 설명문을 쓸 수 있는가?"라고 말하는 것이다. 대신 IEP 팀은 반드시 수행 연속체에 학생을 위치시키는 방법으로 목적에 대해 생각해야 한다. 시간이 가면서, 학생은 수행 연속체상에서 더 잘하는 방향으로 이동할 것으로 기대된다.

IEP 목표와 주 평가의 연계 만들기

　중대한 책무성의 시대에 IEP 목표와 주 및 학교지역구 평가 간의 연관성은 대단히 중요하다. IEP 목표를 수립하는 과정에서 기억해야 할 중요한 개념은 학년 수준의 성취 기준과 교육과정에 기초하여 다년간에 걸쳐 기대되는 학생의 수행 목표를 명확하게 정의해야 한다는 것이다. 목표에 대한 결정은 학생의 학습 기회에 영향을 주고 또한 학생의 평가를 위한 준비에 영향을 미친다.

만약 평가가 중대한 결정(예: 진급, 유급 혹은 졸업)을 위해 실시되었다면, 목표에 대한 결정은 학생에게 중대한 영향을 미치게 된다. 일반교육과정과 명확하게 연관되어 있지 않은 목표들은 평가해야 할 중요한 과목 내용을 다루지 않을 수 있다. 이것은 학생이 졸업을 못하거나 학교에 좋지 않은 영향을 미칠 수 있다는 것을 의미한다. IEP 팀은 반드시 목표와 평가 간의 연관성에 대해 고려해야 한다.

첫째, IEP 개발을 위해 사용된 평가 과정은 학생의 수행 수준을 보여 주는 다양한 형태의 자료를 만들어 내야 한다. 이러한 일련의 증거는 주로(전적으로가 아니라면) 공식적 검사보다는 학급 활동과 교육과정에 기초한 척도로 이루어져야 한다. 목표를 진술하기 전에, 최소한 팀은 관련된 의미 있는 다양한 맥락 내에서 학생의 기능이나 수행에 대한 다수의 자료를 수집해야 한다. 예를 들면, 쓰기 표현에 대한 목표를 수립하기 전에 사회, 수학 및 국어와 관련한 학습지, 일기 및 편지 등의 다양한 쓰기 활동 자료들을 수집해야 한다. 팀은 또한 학생의 부모(예: 쓰기와 관련한 관찰과 기대)와 교사(예: 현재와 이전의 교사들)로부터 학생의 목표로 하는 지식이나 기술의 사용에 대한 정보를 수집해야 한다.

둘째, 학생의 수행을 평가할 기능의 연속체가 IEP에 포함되어야 한다. 출판된 평가 체계(예: 주에서 정한 수행평가 프로그램)가 아닌 채점 기준표를 참조하여 목표를 수립할 때, 그 루브릭은 바로 IEP에 첨부되어야 한다. 주나 학교지역구에서 정한 평가 체계와 관련된 채점 기준표를 사용할 때 이러한 루브릭은 쉽게 참조될 수 있다. 예를 들면, 중학생의 수학 교과 IEP 목표는 다음과 같을 수 있다:

기대되는 성과

월라(Willa)는 이차방정식을 풀기 위해 간단한 방정식, 부등식 및 공식 등을 사용할 수 있다.

현재 수행 수준

다섯 번의 독립된 수행에서 방정식, 부등식, 공식을 사용해야 하는 이차 방정식 문제를 제시할 때, 교사가 개발한 문제들과 주의 평가 도구에서 추출한 문제들로 평가하여 월라의 수행은 주의 5점 채점 기준으로 3명의 교사들이 채점하여 "0점" 혹은 "1점"으로 나타났다.

연간 목표

2006년 5월 12일까지 월라는 이차방정식의 수행에서 방정식 문제 풀이에 대한 주의 5점 채점 기준을 사용하여 최소 3명의 교사가 채점하여 "3점" 혹은 "4점"을 받는 것이다.

IEP 목표에서 교수까지

주 기준과 일반교육과정을 참조하여 IEP 목표를 수립하는 것의 이면에는 IEP 목표가 학생이 수업을 받는 장소와 방법에서의 변화를 이끌어 낸다는 생각이 있다. 그러나 이것은 쉽지 않으며 자동적이지도 않다. 학생을 가르치는 방법을 바꾸는 것은 일반교육과정으로의 접근을 보장하는 중요한 측면이 있다. 이미 새로운 기준중심 교육과정의 요구에 맞추는 교수 설계의 측면들에 대해 논의했다. 또한 조정과 수정의 중요한 차이점을 진술하였다. IEP 목표가 학생의 현재 위치에 대한 종합적인 평가에 기초할 수 있는 방법들에 대해 살펴보았다.

더구나 IEP 팀은 학생의 수행 기대를 수정하거나 변경하기 전에, 반드시 기존의 학급에 교수와 관련된 전체적인 조건들이 확실하게 학생으로 하여금 목표를 성취할 수 있도록 해야 한다. 그러므로 교사들은 특정 학생에게 필요한 조정의 유형과 정도를 결정하기 위해 현재 학급의 실제와 자료들을 검토할 필요가 있다. 학생은 단지 조정을 받을 권리를 갖는 것으로, 일반학급에서의 교수가 학생의 교육과정에 대한 접근이나 교육과정에서의 진보를 어렵게 할 때에만 조정을 고려한다는 것을 기억해야 한다. 가능한 최대로 확대해서 보면, 학급의 교수적 환경 자체가 조정과 수정의 필요성을 제거해야 한다. 이 목표를 성취하는 하나의 방법은 5장에서 논의한 학습의 보편적 설계 원칙을 적용하는 것이다.

이제는 장애학생이 일반교육과정에 접근하는 것에 대하여 일반교사와 특수교사가 공동의 책임을 갖는 것은 매우 명백하다. 이것은 교사들이 공동 계획, 상담 및 협력교수를 포함하는 다양한 협력적 활동에 참여할 것을 요구한다. 게다가 기준중심 교수를 개발하는 것을 돕기 위한 교사 연수에 특수교사와 일반교사가 함께 참여해야 한다. 교사들은 부모와 학교의 모든 학생의 성취 향상에 관련된 학교 개선 계획과 유사한 학교중심 활동에서 협력해야 한다. 다시 말해, 반드시 모든 학생에게 의미 있고 효과적인 일반교육과정 접근을 제공하기 위한 공유된 책무성을 가져야 한다.

일반교사와 특수교사의 협력은 장애학생과 일반학생 모두를 위해 효과적으로 기능하는 학교들의 핵심적 특징이다(Caron & McLaughlin, 2003). 이러한 학교들은 공통적으로 몇 가지 특징을 가지고 있다:

● 모든 교사가 이해하고 분명히 설명할 수 있는 알기 쉽게 정의된 핵심 교육과정과 수행 기준. 고등학교 수준에서는 과목별 내용에 따라 명확하고, 초등학교와 중학교 수준에서는 전체 교육과정 내

의 관심을 공유한다.

- 학생의 수행; 학교에 대한 부모/지역사회의 인식; 학생의 출석, 정학 및 제적; 학교 풍토 등을 포함하는 학생 자료에 기초한 명확한 연간 학교 개선 목표.

- 모든 교사가 학교 개선 목표를 성취하기 위해 노력하고 전체적인 학교 개선 계획 과정에 반드시 참여해야 한다는 기대. 종종 교사와 부모는 특정 개선 목표에 초점을 두거나 자료를 수집하고 검토하여 전략을 개발하기 위해 소그룹으로 일한다.

- 교사, 소그룹 및 개별적인 교사들 간에 문제를 해결하고 아이디어와 전략들을 공유하기 위한 다양한 장소를 통한 시간과 기회.

- 일반교육과정 목표와 평가를 중심으로 하는 일반교사와 특수교사의 공유된 언어. "너의 학생" 혹은 "나의 학생"이라 말하지 않고 "우리의 학생"이라고 한다.

- 학교의 **모든** 학생이 더 높은 수준을 성취할 수 있고 그 성취가 모든 학생 속에서 평가된다는 것에 대한 명확하게 진술된 기대.

- 학생이 낮은 성취로 인해 "비난 받아서는" 안 되고, 학생이 특수교육대상자라는 이유만으로 교사가 교육과정을 교수하는 책무성을 포기해서는 안 된다. **모든** 교사는 **모든** 학생의 진보와 성취를 돕는 책무성을 수용한다. 이러한 중요한 특성들에 더하여, 모든 학생이 일반교육과정에 접근하는 데 초점을 두고 있는 학교들은 협력교수, 협의 및 협력을 실시한다.

특수교육과 일반교육의 협력

학급에서 일반적으로 사용되는 특수교육과 일반교육의 협력에는 다양한 접근이 있다. 가장 보편적인 것이 협력교수와 공동의 협의다 (Friend & Cook, 1996 참조). 두 가지 접근은 모두 책임과 역할의 관점에서 교사나 각 개인 간의 평등으로 특징된다. 그들은 또한 문제 해결과 계획에 공동으로 참여한다. 일반교육과정 접근을 제공하는 협력의 예는 〈Box 6. 5〉와 〈Box 6. 6〉에 제시된다.

Box 6. 5 협력의 예: 워터타운 학교지역구

워터타운(Watertown) 학교지역구는 일반학급에 있는 특수교육대상 학생들의 지원과 관련해 오랜 역사를 가지고 있다. 매우 적은 수의 학생만이 항상 일반학급 밖에서 교육을 받는다. 특수교사와 일반교사는 서로 협력하며 팀티칭을 하고, 학교에는 특수교육대상 학생을 가르치는 일반교사와 특수교사를 보조하기 위한 준교사들이 있다.

학교지역구는 장애학생들이 학교지역구의 교육과정에 참여하고 주의 성취 기준을 달성하기 위한 책임에 대해 높은 기대를 가지고 있다.

높은 수준의 지원이 있음에도, 특수교사와 일반교사는 주의 성취 기준 수준과 교사가 반드시 가르쳐야 하는 많은 개념과 기술을 염두에 둔다. 이로 인해 교수 속도가 가속화되었고, 더 많은 학생들이 기술을 검토하고 강화하기 위한 확장된 기회를 필요로 하게 되었다.

일반교사와 특수교사는 협력적으로 계획하고 협력적으로 일했다. 교사들은 폭넓은 공동의 전문성 개발을 이루었고, 최상의 교수와 교수 집단 구성 방법에서 전문적인 재량을 발휘하였다. 일반교사와 특수교사는 장애학생이 교육과정에 접근하는 것을 보장하기 위해 매우 열심히 일했다. 기준과 일반교육과정에 대한 지식을 공유하였고, 기준과 교육

(계속)

Box 6. 5 협력의 예: 워터타운 학교지역구 (계속)

과정에서 개별 학생들이 어떻게 수행할 수 있는지에 대해 논의하였다. 교사들은 매일의 수업 계획에 대해서는 특정 기준을 다루는 단위 혹은 더 큰 교수 단위에 대해서만큼 초점을 두지는 않았다. 교사들은 채점 기간 초기와 주요한 교수 단원 이전에 다음의 질문들을 통해 계획을 수립하였다.

- 어떤 기준들이 진술될 것인가?
- 단원의 마지막에 학생이 알아야 하고 해야 하는 것은 무엇인가?
- IEP를 가진 학생들의 현재 수행은 어떠한가?
- EP를 가진 학생과 관련되면서 모든 학생이 습득해야 하는 핵심적이고 필수적인 기준들은 무엇인가?

이 질문들은 일반교사 혹은 특수교사에 의해 제공되는 특수교육 중재의 초점이 될 교육과정의 측면들을 결정하는 것을 돕는다. 모든 교사, 언어치료사 및 다른 전문가들은 계획된 교육과정을 교수한 이후에 학생이 성취해야 할 성과에 대한 명확한 아이디어를 갖게 된다.

Box 6. 6 협력을 통한 일반교육과정 접근 제공

5학년 학급에서 교사가 이집트와 피라미드에 대한 수업을 하고 있다. 학급의 23명의 학생 중 4명의 학생이 IEP를 가지고 있다. 4명의 학생 중에서 한 명은 기능적인 읽기를 하지 못하고, 다른 3명은 2-3년 정도의 학습 지체를 보인다. 4명 모두 주의 집중, 기억 및 조직화에 어려움이 있다. 한 학생은 명백한 행동 문제를 가지고 있고 때때로 약물을

(계속)

Box 6. 6 협력을 통한 일반교육과정 접근 제공 (계속)

복용한다. 각 학생들은 개별적으로 주 3 혹은 4회 특수교사를 만나 읽기와 학습 전략에 대한 집중적인 교수를 받는다.

각 학생들은 문단을 읽고 내용에 대한 질문에 답하는 활동지를 받는다. 질문은 IEP를 가진 학생에게 적절하게 수정된다. 수업은 역사와 읽기 영역의 여러 주 기준의 내용을 다룬다. 교사는 안내된 질문을 통해 전체 학급 학생들과 피라미드를 만든 이유, 이집트 문화와 종교적인 측면과의 관련성에 대해 활발한 토론을 이끈다. 그러면 학생들은 4개의 토론 집단으로 나누어져서 집단으로 문단을 읽고 질문에 답을 한다. IEP를 가진 학생들이 전체 학급 수업에 참여하지만 독립적인 과제를 하는 동안 일반교사, 보조교사 및 또래가 개별 학생을 지원한다. 집단은 직접적인 기술 교수를 위해 재구성된다. IEP를 가진 학생과 치료가 필요한 다른 학생은 한 그룹이 되어 "누가, 무엇을, 언제 및 어디서"의 질문으로 피라미드에 대한 수업을 하는 특수교사와 만난다. 피라미드를 건설하는 가장 중요한 측면들에 대한 활발한 토론을 한다. 학생들은 차례대로 문장("누가" "무엇을" "언제" 및 "어디서"를 사용하는)을 읽고, 서로의 문장들을 비평한다.

이러한 예가 좋은 점은 무엇인가?

- 교사는 수업에서 다루어야 하는 핵심 개념과 지식에 대한 공통된 관점을 공유한다.
- 교수에 대한 책임을 능동적으로 공유한다.

이러한 예들을 향상하기 위해 무엇이 필요한가?

- 장애학생들은 표출되는 언어와 아이디어들에서 도움을 얻을 수 있기 때문에 토론에서 배제되어서는 안 된다. 이러한 아이디어들은 후에 소그룹에서 안내된 질문과 답변을 통해 확장되거나 다른 말로 바꾸어 표현될 수 있다.

협력은 제시된 예들처럼 여러 가지 형태를 취할 수 있으나, 대부분의 상황에서 대부분의 교사에게 효과적이기 위해서는 권위와 책임의 균형이 필요하다. 교육적 진전을 평가하고 중재를 설계하는 것에는 협력적 작업이 최선이다. 전략 혹은 중재가 수행되면서 지속적인 지원과 피드백을 받는다면 더욱 좋다.

협력교수

협력교수(co-teaching)는 일반교사와 특수교사가 학생의 일반교육과정 접근을 돕기 위해 점점 더 일반적으로 사용하고 있는 교수 모형이다. 용어가 의미하는 바와 같이 협력교수는 동일 학급에서 적어도 한 명의 일반교사와 한 명의 특수교사가 함께 일반교육을 받는 학생과 특수교육을 받는 학생 집단에게 교수를 제공하는 것이다. 협력교수의 원리는 장애학생이 교육과정에 접근하고 학생의 IEP 목표에 따라 학습하는 것을 보장하는 데 있어 특수교사가 주요한 책임을 갖는다는 점에서 팀티칭과 유사하다. 그러나 협력교수 모형은 다양한 학생 집단의 요구를 충족할 기회를 제공한다.

Friend와 Cook(1996)은 다섯 가지의 협력교수 접근을 설명한다.

1. 교수 – 지원

2. 스테이션 교수

3. 평행교수

4. 대안적 교수

5. 팀티칭

교수 - 지원(one teaching, one supporting)의 방식은 협력교수의 가장 일반적인 형태이며 가장 쉽게 사용할 수 있다. 이 모델에서는 한 교사가 주가 되어 교수를 설계하고 전달하며, 다른 교사는 학급을 돌아다니면서 개별 학생들을 돕고 관찰한다. 이 모델의 가장 불리한 점은 이 모델이 지나치게 자주 모든 학생이 같은 내용을 같은 방식으로 학습하는 것에 기초한다는 것이다. 이것은 특수교사의 역할이 개별화된 조정이나 차별화된 교수를 설계하기보다는 학생이 진도를 따라잡거나 유지하는 것을 돕는 것을 의미한다. 일부 학급에서 특수교사는 거의 학급 내의 보조교사와 비슷하게 기능한다. 다른 학급들에서는 일반교사와 특수교사가 교대로 수업을 진행한다. 이 협력교수로의 접근은 역할에서의 불평등 문제가 야기될 수 있는 것 외에, 일반교육과정으로의 접근을 보장하지는 않는다.

2명의 교사가 스테이션 교수를 할 때, 교사들은 내용이나 수업을 나누고 각 교사는 개별적으로 학급 내의 일부를 위한 수업 내용의 일부에 대한 수업 계획과 교수에 대한 책임을 갖는다. 학생은 2명의 교사가 지도하는 그룹에 따라 움직인다. 각각의 교사는 모든 학생을 작은 그룹으로 가르친다. 이 모델에서 특수교사는 교육과정에 대한 책임과 관련하여 일반교사와 같은 역할을 수행한다.

평행교수는 공동의 계획을 포함하고 각 교사는 학생을 반으로 나누어 같은 내용을 가르치고 수업한다. 이러한 형태의 협력교수는 반복 연습이나 내용이 매우 명확해서 두 집단의 교수가 유사할 때 가장 좋다.

대안적 교수는 특수교육과 일반교육의 협력교수의 형태 중 아마 두 번째로 일반적인 형태일 것이다. 이 모델에서 특수교사와 일반교사가 공동으로 교수 설계를 수립하지만 특수교사가 더 초점을 두는 것은 가르쳤던 부분 다시 가르치기와 강화하기, 차별화된 교수 및 추가적인 도움을 필요로 하는 소수의 학생들을 위한 교육과정의 조정과 수정이다.

이 모델은 어떤 추가적인 도움을 필요로 하는 모든 학생에게 도움을 줄 수 있다. 이 모델을 실행할 때 중요한 것은 학생을 낙인찍거나 교육과정 내용을 지나치게 단순화하지 않는 것이다. 그뿐 아니라 특수교사와 일반교사는 반드시 학생이 배워야 할 핵심적이고 필수적인 지식들에 대해 확실히 알고 있어야 한다.

마지막으로, 팀티칭은 교수의 실행에 있어서 동등한 교수 설계와 동등한 역할을 필요로 한다. 실제 팀티칭을 할 때 각 팀들은 위에서 언급한 모든 혹은 일부 전략을 사용할 수 있다. 교사들은 역할과 학생 집단에 있어서 균형을 유지해야 한다.

협력하는 교사들이 학급 내에서 동등한 지위를 갖고 협력적인 노력을 통해 얻을 수 있는 지식과 기술들을 인식한다면 위의 어떠한 전략이든 혹은 모든 전략은 효과적일 것이다.

결론

이 장에서 주의 내용과 성취 기준 그리고 일반교육과정을 토대로 실질적으로 수립된 개별 학생의 IEP를 개발하기 위한 하나의 모형 구조를 제시하였다. 이것은 쉬운 과정이 아닐 뿐 아니라 교육과정의 의미, 평가의 목적 및 교육과정의 요구와 교수를 조화시키는 방법에 대한 충분한 이해 없이 급하게 할 수도 없는 일이다. 더욱 중요한 것은 고부담 책무성을 강조하는 오늘날의 교육 풍토에서 장애학생에게 일반교육과정 접근성을 제공하는 것은 학교와 개별 학생 모두에게 중요한 것이라는 것을 명확하게 주장했다.

이 책의 초판이 완성되었을 때, 1997년 미국장애인교육법 개정안은 학교에서 인식되기 시작하는 단계였고 "일반교육과정 접근"은 많은 사람에게 분명하게 인식된 것이 아니었다. 게다가 아동낙오방지법은 의회를 통과하지도 못한 상태였다. 이제 두 번째 판이 완성되면서 특수교육과 일반교육의 협력을 더욱더 강조하는 입장을 가진 새로운 미국장애인교육법의 규정들을 찾아볼 수 있다. 특히 장애를 가진 모든 학생이 동일한 주 내용 기준에 접근하고 주 평가와 책무성에 참여한다는 규정이 그러하다. 오늘날의 학교에서 새로운 미국장애인교육법과 아동낙오방지법은 밀접하게 관련되어 있고, 모든 교사와 현장의 전문가들은 모든 학생의 수행 수준을 향상하는 데 초점을 맞추어야 한다. 이러한 결과에 대한 새로운 강조와 함께 모든 교사는 성취 수준을 향상하고 궁극적으로는 더 나은 학교 성과들을 이끄는 방법으로 일반교육과정 접근을 제공하는 것에 대한 의미를 온전하게 이해할 필요가 있다.

일반교육과정 접근을
용이하게 하는 자원

■ 전미특수교육주책임자협회
 (National Association of State Directors of Special
 Education: NASDSE)

전미특수교육주책임자협회는 미국과 도서 지역에 있는 장애학생을
위한 교육 프로그램을 용이하게 하고 지원한다. 전미특수교육주책임자
협회는 1938년에 창립된 비영리단체이며 주립기관이 장애학생들의 교
육적 성과를 최대화하기 위해 노력할 수 있도록 주립기관에 서비스를
제공하고 있다.

> NASDSE
> 1800 Diagonal Road, Suite 320
> Alexandria, VA 22314
> 전화: 1-(703) 519-3800; Fax: 1-(703) 519-3808; TDD: 1-(703) 519-
> 7008
> Web site: http://www.nasdse.org/home.htm

■ 전미교육성과센터
 (National Center on Educational Outcomes: NCEO)

전미교육성과센터는 국가 단위와 주 단위의 평가, 기준 설정 작업
및 졸업 기준에 있어서 장애학생과 영어 사용에 제한이 있는 학생들의
참여와 관련한 국가적인 리더십을 제공한다.

> National Center on Educational Outcomes
> University of Minnesota
> 350 Elliott Hall, 75 East River Road

Minneapolis, MN 55455

전화: 1-(612) 626-1530; Fax: 1-(612) 624-0879

Web site: http://education.umn.edu/NCEO/

■ 각 주의 기준 알기
(Learn About Your Own State Standards)

주 교육청의 웹사이트를 방문하면 주의 교육 내용, 성취 기준, 평가, 조
정 원칙, 교육과정과 관련된 중요한 정보를 찾을 수 있다. 주의 웹사이트는
Google이나 Yahoo와 같은 검색 엔진을 사용하여 찾을 수 있다. 다음과 같이
입력한다.

(찾고자 하는 주의 이름) Department of Education
몇 가지 예:
Nebraska Department of Education
결과: http://www.nde.state.ne.us/
Indiana Department of education
결과: http://ideanet.doe.state.in.us/
New Mexico Department of Education
결과: http://ped.state.nm.us/div/fin/trans
Missouri Department of Education
결과: http://www.dese.state.mo.us/

■ 2004 미국장애인교육법
(Individuals with Disabilities Education Act: IDEA)
개정 자료

전미특수아동협회(Council for Exceptional Children: CEC)는
장애인, 장애학생과 영재를 위한 교육적인 성과 증진을 위해 조직된 가
장 큰 국제적인 전문가 조직이다. 전미특수아동협의회는 바람직한 정부
정책을 추진하고 전문가의 자격 기준을 수립하며 전문 지식의 개발을
위한 지원, 서비스를 지속적으로 제공받는 장애인들에 대한 옹호 활동
을 전개하고 전문가들이 효과적으로 전문가적인 역할을 수행하는 데
필요한 환경과 자원을 얻을 수 있도록 지원하고 있다.

> The Council for Exceptional Children
> 1920 Association Drive
> Reston, VA 20191-1589
> Toll-free: 1-888-CEC-SPED; Local: 1-(703) 620-3660
> TTY(text only): 1-(703) 264-9446; Fax: 1-(703) 264-9494
> Web site: http://www.cec.sped.org

전미특수아동협의회는 일반교육과정 접근이라는 주제와 관련된 정
보를 온라인 카탈로그로 제공한다. 다음에서 카탈로그를 볼 수 있다.

> http://www.cec.sped.org/bk/catalog2/access.html

■ 라이츠로(Wrightslaw)

라이츠로는 특수교육법과 장애학생의 권리 옹호와 관련한 정보를

제공한다. 특수교육법 전문 변호사인 W. D. Wright와 Special Education Advocate의 심리치료사이자 편집인인 Pamela Darr Wright가 웹사이트를 관리한다. 이 사이트는 논문, 사례, 신문, 다양하고 광범위한 주제에 대한 자료들을 포함하고 있다. The Special Education Advocate를 다운로드 받을 수 있다.

http://www.wrightslaw.com/law/idea/index.htm

■ 아동낙오방지법(No Child Left Behind) 자료

아동낙오방지법: 교사용 도구키(No Child Left Behind: A Tool Kit for Teachers)

미국 교육부 자료는 아동낙오방지법(No Child Left Behind) 실행을 위해 노력하는 학교들을 위한 확대된 정보와 자료를 제공한다. 2004년에 도구 세트가 업데이트되었고 새로운 정책과 법률의 개발에 따라 주기적으로 업데이트된다. 도구 세트는 다음 주소에서 다운로드 받을 수 있다.

http://www.ed.gov/teachers/nclbguide/nclb-teachers-toolkit.pdf

왓웍스 정보센터(What Works Clearinghouse)

왓웍스 정보센터는 교육 프로그램, 성과물, 실례 및 정책의 효과성 연구들을 수집하고 선별하고 분류한다. 이 정보센터는 충실한 설계를 가진 연구들을 재고하고, 과학적인 연구에 대한 미국 교육부의 정의를 기초로 하는 WWC 증거 기준(Evidence Standards)에 맞서는 연구들의 강점과 약점에 대해 보고한다. WWC는 다음 주소에서 찾을 수 있다.

http://www.whatworks.ed.gov/

(2014년 2월 현재 http://ies.ed.gov/ncee/wwc/로 연결)

■ 일반교육과정 접근에 대한 전문연수 자료

IRIS 교직원 연수센터(The IRIS Center for Faculty Development)

교직원 향상(Faculty Enhancement)을 위한 IRIS 센터는 미 교육청 소속의 특수교육 프로그램 개발국에 의해 설립되었고 주로 서비스 이전의 준비 프로그램과 관련된 일을 하는 대학교 교직원들을 위해 제공된다. 일반교사, 학교행정가, 보건교사, 학교상담교사가 장애학생 및 장애학생의 가족에 대한 준비를 잘 할 수 있도록 하는 데 목적이 있다. 이러한 목적을 위해 설립된 국가적인 교직원 향상 센터는 IRIS가 유일하다. IRIS 센터는 온라인으로 이용 가능한 다양하고 광범위한 전문가 개발 자료를 가지고 있다. IRIS 센터의 웹사이트에서는 특별히 일반교육과정 접근에 대한 기준을 얻을 수 있다:

http://iris.peabody.vanderbilt.edu/HST/cresource.htm

지역 교육 실험실 네트워크(The Regional Education Laboratory Network)

지역 교육 실험실들은 미국 교육부의 교육과학부(IES; 공식적으로 Office of Educational Research and Improvement [OERI]) 산하 기관에 의해 지원되는 교육 연구 개발 기구들이다. 교육과정, 교수 및 전문 능력의 개발과 관련된 방대한 양의 자료를 제공한다. 이러한 자료들은 발생률이 높은 다수의 장애학생에게 적절하다.

http://www.nwrel.org/national/

(2014년 2월 현재 http://educationnorthwest.org/traits로 연결)

효과적 협력과 실제 센터(Center for Effective Collaboration and Practice)

　　미국 교육부의 특수교육프로그램 부서는 정서 및 행동 장애를 가진 학생의 생활과 서비스 제공과 관련하여 여러 전문 분야 간의 협력, 한 번에 여러 일을 처리해야 하고 다민족적인 상황에서 협력과 지식 사용의 장애를 극복하기 위해 다른 연방 기관들과 활동하기 위해 센터를 만들었다. 효과적 협력과 실제 센터는 특수교육 단체들이 정보를 생산하고 접근하고 사용하고 협력할 수 있는 능력을 개발하도록 돕기 위해 고안된 일련의 전략적인 활동을 하고 있다.

　　Center for Effective Collaboration and Practice
　　American Institutes for Research
　　1000 Thomas Jefferson St. NW, Suite 400
　　Washington, DC 20007
　　Toll free: (888) 457-1551; Local: (202) 944-5400
　　Web site: http://www.air.org/ehd/ehd_special_ed.aspx
　　E-mail: center@air-dc.org

■ 보편적 설계 자료

응용특수공학센터(The Center for Applied Special Technology: CAST)

　　응용특수공학센터는 공학의 개발과 혁신적인 사용을 통해 장애인의 기회가 확대된다는 신념을 갖고 있는 비영리 단체다.

　　http://www.cast.org/
　　CAST를 통해 이용할 수 있는 자료:
　　접근성과 학습을 위한 보편적 설계

http://www.cast.org/udl/UDforAccessLearning9.cfm

수정된 교육과정을 포함한 교수 전략

http://www.cast.org/udl/CoreConcepts6.cfm

교수 자료

http://www.cast.org/tools

전미일반교육과정접근센터(National Center on Accessing the General Curriculum)

전미일반교육과정접근센터(NCAC)는 장애학생이 일반교육에 접근하는 것을 증진시킬 수 있는 실질적인 접근이 이루어지도록 하기 위해 새로운 교육과정, 교수 실제, 정책들이 함께 엮어 나갈 수 있는 방법에 대한 비전을 제공한다. 전미일반교육과정접근센터는 미국 교육부의 특수교육프로그램 부서(OSEP)와 협력적인 관계에 있는 응용특수공학센터에 의해 설립되었다. 전미일반교육과정접근센터는 전문 능력 개발과 혁신적 증거에 기반을 둔 교육적 산물을 개발함으로써 응용특수공학센터의 활동을 확장하였다.

http://www.cast.org/ncac/AboutNCAC371.cfm

보편적 설계센터(Center for Universal Design)

이 기관은 주택, 공공기관과 상업 시설, 관련 시설에 있어서 보편적 설계를 평가, 개발, 촉진하는 국가적인 연구, 정보, 기술적 지원을 제공한다. 보편적 설계센터는 노스캐롤라이나(North Carolina) 주립대학교에 위치하고 있다.

http://www.design.ncsu.edu/cud/index.html

(2014년 2월 현재 http://design.ncsu.edu/index.php/cud/index.html로 연결)

트레이스 연구와 개발센터(Trace Research and Development Center)

트레이스는 보편적인 혹은 접근 가능한 설계로 알려진 과정을 통해 모든 사람들이 더욱 접근하기 쉽도록 상업화된 공학과 시스템(예: 컴퓨터, 인터넷, 정보지)을 만드는 데 초점을 두고 있는 연구 기관으로 미국 위스콘신 메디슨(Wisconsin-Madison) 대학교에 위치하고 있다.

http://www.trace.wisc.edu/

(2014년 2월 현재 http://trace.wisc.edu/로 연결)

■ **학습과 공학 자료**(Resource for Learning and Technology)

Bransford, J. D., Brown, A. L., Cocking, R. R., & Pellegrino, J. W. (Eds.). (2000). *How people learn: Bridging research and practice.* Washington, DC: National Academy Press.

이 책은 특별히 학급 활동의 실제와 관련하여 인간의 학습과 관련된 가장 최근의 연구에 대한 개요를 제공하고 있다. 또한 우리가 학습에 대해 알고 있는 것과 미국의 학교에서 이루어지고 있는 교육 간의 연관성을 강화하기 위한 연구 계획을 제시하고 있다.

http://www.nap.edu/html/howpeople1/

학습공학센터(Learning Technology Center: LTC)

학습공학센터는 미국 밴더빌트(Vanderbilt) 대학교의 피바디(Peabody) 교육대학교에 있다. 학습공학센터는 교육공학 분야에서 국제적으로 알려진 70명의 연구자, 설계자, 교사 단체다. 구성원의 기술과 지식은 교육, 심리학, 컴퓨터 공학, 수학, 화학, 조직 관리, 공공정책, 비디오와 멀티미디어 설계를 포함하는 다양한 범위의 내용을 망라한다.

　　http://www.cilt.org/

　　학습공학센터는 또한 **K-12 학습협력단(K-12 Learning Con-sortium)**을 지원한다: K-12 학습협력단은 학생 학습과 관련한 새로운 비전들을 찾고 보급하고 지원하기 위한 공학 지원 사업이다. 학습협력 단의 임무는 공학으로 증진된 협력을 통해서 교육을 향상하는 것이다. 협력단은 다양한 교육 관련자들(관련 전문가들)이 부분적으로 학습을 안내하고 점검하기 위한 빈번한 평가를 사용하여 강화된 학급중심 활 동들(classroom-based activities)에 초점을 두어 이해하는 학습(사실과 절 차의 암기와 대조적으로)의 중요성을 인식하고, 그렇게 실행하도록 돕 는 일을 하고 있다.

　　http://www.canvas.ltc.vanderbilt.edu/lc

참고문헌

Armstrong, D. G. (1989). *Developing and documenting the curriculum*. Needham Heights, MA: Allyn & Bacon.

Barnett, D., Daly, E., Jones, K., & Lenz, E. (2004). Response to intervention: Empirically based special service decision from single case designs of increasing and decreasing intensity. *The Journal of Special Education, 38*(2), 66-79.

Barliner, D. C. (1990). What's all the fuss about instructional time? In M. Ben-Pertz & R. Bromme (Eds.), *The nature of time in schools: Theoretical concepts, practitioner perceptions*. New York: Teachers College Press.

Bloom, B. S., Engelhart, M. D., Furst, E. J., Hill, W. H., & Krathwohl, D. R. (1956). *Taxonomy of educational objectives: Cognitive domain*. New York: Longman.

Bransford, J. D., Brown, A. L., & Cocking, P. R. (Eds.). (2000). *How people learn: Brain, mind, experience, and school* (Expanded ed.). Washington, DC: National Academy of Sciences.

Browder, D. M., Spooner, F., Ahlgrim-Delzell, L., Flowers, C., Karvonen, M., & Algozzine, B. (in press). A content analysis of the curricular philosophies reflected in states' alternate assessments. *Research and Practice for Persons with Severe Disabilities*.

Caron, E. A., & McLaughlin, M. J. (2003). Indicators of "Beacons of Excellence" schools: Collaborative practices. *Journal of Educational and Psychological Consultation, 13*(4), 285-313.

Case, R. (1985). *Intellectual development: Birth to Adulthood*. San Diego, CA: Academic Press.

Cuban, L. (1993). The lure of curricular reform and its pitiful history. *Phi Delta Kappan, 75*(2), 181–185.

CTB McGraw-Hill. (2000). *Terra Nova* (2nd ed.). California Achievement Test-6. Monterey, CA: Author.

Deno, S. L. (1985). Curriculum-based measurement: The emerging alternative. *Exceptional Children, 52*, 219–232.

Espin, C. A., Scierka, B. J., Skare, S., & Halverson, N. (1999). Criterion-related validity of curriculum-based measures in writing for secondary students. *Reading and Writing Quarterly,* 15, 5–27.

Freeman, D. J., & Porter, A. C. (1989). Do textbooks dictate the content of mathematics instruction in elementary schools? *American Educational Research Journal, 26*(3). 403–421.

Friend, M., & Cook, L. (1996). *Interactions: Collaboration skills for school professionals.* New York: Longman.

Fuchs, D., Mock, D., Morgan, P., & Young, C. (2003). Responsiveness-to-intervention: Definitions, evidence, and implications for the learning disabilities construct. *Learning Disabilities Research & Practice, 18*(3), 157–171.

Fuchs, L. S. (1998). Computer applications to address implementation difficulties associated with curriculum-based measurement. In M. Shinn (Ed.), *Advanced applications of curriculum-based measurement* (pp. 89–112). New York: Guilford Press.

Gagne, R. M. (1974). *Essentials of learning for instruction.* New York: Dryden Press.

Gagne, R. M. (1988). Mastery learning and instructional design. *Performance Improvement Quarterly, 1*(1), 7–18.

Gerber, M. M. (2003, December). *Teachers are still the test: Limitations of response to instruction strategies for identifying children with learning disabilities.* Paper presented at the National Research Center on Learning Disabilities Responsiveness-to-Intervention Symposium. Kansas City. MO.

Harper, R. A. (1990). Geography's role in general education. *Journal of Geography, 89*(5), 214–218.

Hoover, H. D., Hieronymus, A. N., Frisbie, D. A., & Dunbar, S. A. (1993). *Iowa Test of Basic Skills.* Chicago: Riverside.

Howell, K., & Nolet, V. W. (2000). *Curriculum-based evaluation* (3rd ed.). Atlanta, GA: Wedsworth.

Hudson, P., Lignugaris-Kraft, & Miller, M. (1993). Using content enhancements to improve the performance of adolescents with learning disabilities in content classes. *Learning Disabilities Research & Practice, 8*(2), 106–126.

Laurent-Brennan, C. (1998). The International Baccalaureate Program. *Clearing House, 71*(4), 197–198.

Lenz, K., Bulgren, J. A., & Hudson, P. (1990). Content enhancement: A model for promoting acquisition of content by individuals with learning disabilities. In T. E. Scruggs & B. L. Y. Wong (Eds.), *Intervention and research in learning disabilities* (pp. 122–165). New York: Springer-Verlag.

Lewis, R. (1993). *Special education technology: Classroom applications.* Atlanta, GA: Wadsworth.

Mager, R. F. (1997). *Preparing instructional objectives: A critical tool in the development of effective instruction.* Atlanta, GA: Center for Effective Performance.

Marsh, C., & Willis, G. (1995). *Curriculum: Alternative approaches, ongoing issues.* Englewood Cliffs, NJ: Merrill/Prentice Hall.

McLaughlin, M. J., Henderson, K., & Rhim, L. M. (1997). *Snapshots of reform: A report of reform in five local school districts.* Alexandria, VA: Center for Policy Research on the impact of General and Special Education Reform, National Association of State Boards of Education.

McLaughlin, M. J., Nagle, K. M., Nusz, C., Ruedel, K., Lazarus, S., Thompson, S. et al. (in press). *Inclusion of students with disabilities in assessments and accountability reforms in four states: Considerations for analysis of the achievement gap* (Topical Review No. 7). College Park: University of Maryland, Institute for the Study of Exceptional Children and Youth, Educational Policy Reform Research Institute.

McLaughlin, M. J., Nolet, V., Rhim, L. M., & Henderson, K. (1999). Integrating standards: Including all students. *Teaching Exceptional children, 31*(3), 66–71.

Nagle, K. M. (2004). *Emerging state-level themes: Strengths and stressors in educational accountability reform* (Topical Review No.4). College Park: University of Maryland, Educational Policy Reform Research Institute. Available from www.eprri.org

Orkwis, R., & McLane, K. (1998). *A curriculum every student can use: Design principles for student access* (ERIC/OSEP Topical Brief). Reston, VA: ERIC Clearinghouse on Disabilities and Gifted Education, Council for Exceptional Children.

Posner, G. J., & Strike, K. A. (1976). A categorization scheme for principles of sequencing content. *Review of Education Research, 46*(4), 665–690.

Pugach, M. C., & Warger, C. L. (1993). Curriculum considerations. In J. I. Goodlad & T. C. Lovitt (Eds.), *Integrating general and special education* (pp. 125–148). New York: Merrill– Macmillan.

Rose, D. H., & Meyer, A. (2002). *Teaching every student in the digital age: Universal design for learning.* Alexandria. VA: Association for Supervision and Curriculum Development.

Shriner, J. G., & DeStefano, L. (2003). Participation accommodation in state assessment: The role of individualized Educaion Programs. *Exceptional Children, 26*(2), 9–16.

Smith, P. L., & Ragan, T. J. (2005). *Instructional Design* (3rd ed.). Hoboken, NJ: Wiley.

Stodolsky, S. S. (1998). *The subject matters: Classroom activity in math and social studies.* Chicago: University of chicago Press.

Tindal, G. R., & Marston, D. (1990). *Classroom–based assessment: Evaluating instructional outcomes.* Columbus. OH: Merrill.

Williams, R. G., & Haladyna, T. M. (1982). Logical operations for generating intended questions (LOGLQ): A typology for higher order level test items. In G. H. Roid & T. M. Haladyna (Eds.), *A technology for test–item Writing* (pp. 161–186). New York: Academic Press.

Wineburg S. S. (1991). On the reading of historical texts: Notes on the breach between school and academy. *American Educational Research Journal 28*(3), 495–519.

찾아보기

저자 소개

빅터 놀렛(Victor W. Nolet)

놀렛(Nolet)은 웨스턴 워싱턴 대학교(Western Washington University) 우드링 교육대학(Woodring College of Education)의 진단 평가 관리자다. 오리건 대학교(University of Oregon)에서 박사학위를 취득했고, 30년간 특수교육자로 일했다. 정신지체인들이 오하이오 주의 시설에서 지역사회 환경으로 진출하도록 돕는 프로젝트를 통해 특수교육 일을 시작했고, 지역사회 중심의 정신지체 사회복지사와 성인거주시설의 프로그램 코디네이터로 근무했다. 또한 언어치료사, 고등학교 특수학급 교사 및 중도장애 고등학생들을 위한 지역 프로그램 담당자 등을 하며 공립학교 환경에서 다양한 경험을 쌓기도 했다. 웨스턴 워싱턴 대학교 전에는 메릴랜드 대학교(University of Maryland) 특수교육과 교수로 3년간 근무했다. 최근에는 교사교육 프로그램이 취학 전부터 12학년 학생의 교육 성과에 미치는 영향과 책무성 시스템이 장애학생에게 미치는 영향에 대한 연구에 집중하고 있다. 그는 예비교사 교육이 공립학교 학생들의 학습 성과로 연결되는 지표 시스템의 특징에 대해 조사하고 있다. 또한 수학과 과학 교사를 위한 교실 기반의 실제를 측정하는 교사 작업 표본의 타당도를 분석하는 일을 하고 있다. 놀렛은 교육정책개혁연구원(Educational Policy Reform Research Institute: EPRRI)의 상임고문으로 재직 중이며, 교실 기반 평가, 평가 체계, 일반교육과정 접근에 대해 활발한 저술 및 강연 활동을 펼치고 있다. 여가 시간에는 바이올린, 만돌린 및 베이스기타로 옛날 또는 최근 스타일의 댄스 음악을 연주한다.

마거릿 맥러플린(Margaret J. McLaughlin)

맥러플린(McLaughlin)은 메릴랜드 대학교(University of Maryland) 특수교육과 교수이자 장애아동 및 청소년 연구소 부소장이다. 중도 정서행동장애 학생들의 교사 업무를 시작한 이래, 줄곧 특수교육 전문가로 일해 왔다. 버지니아 대학교(University of Virginia)에서 박사학위를 취득했고, 미국 교육부(U.S Office of Education)과 워싱턴 대학교(University of Washington)에서 일했다. 최근에는 교육정책개혁연구원(Educational Policy Reform Research Institute: EPRRI), 메릴랜드 대학교 협력단, 국립교육성과센터(National Center on Educational Outcomes: NCEO) 및 도심특수교육협력단(Urban Special Education Collaborative)이 조사하는 교육개혁과 장애학생에 대한 프로젝트를 감독하고 있다. 교육정책개혁연구원은 장애학생에 미친 고부담 책무성의 영향에 대해 조사하고 있다. 또한 대안학교에서의 특수교육에 대한 국가 연구 프로젝트와 정책 리더십 박사 및 박사후 프로그램(Policy Leadership Doctoral and Postdoctoral Program)이 실시한 대규모 특수교육 연구를 감독했다. 보스니아, 니카라구어 및 과테말라에서 발달장애 학생들을 위한 프로그램을 개발하기도 했다.

맥러플린은 다수의 교육청과 지역교육기관에 장애학생과 표준개혁 정책의 영향에 대한 자문을 제공하고 있다. 그녀는 목표 2000(Goals 2000)과 장애학생에 대한 국립과학원(National Academy of Science) 위원회의 공동의장을 맡았고, 그 결과 「Educating One and All」이라는 보고서가 나왔다. 또한 그녀는 특수교육에 소수자 학생의 과도 포함에 대한 국립과학원 위원회의 위원이었다. 그녀는 장애 정책에 대한 대학원 교과목을 가르치고 학교 개혁과 장애학생 영역에서 활발한 저술 활동을 하고 있다.

역자 소개

박승희

박승희(朴承姬, Seunghee Park)는 이화여자대학교 교육학과를 졸업하고 1981년에 도미하여 미국 뉴욕 주 시라큐스 대학교(Syracuse University)에서 특수교육학 석사 및 박사학위를 취득하였다. 1992년부터 이화여자대학교 특수교육과 교수로 재직 중이다. 한국학술진흥재단(한국연구재단)의 지원으로 2000년에는 영국 케임브리지 대학교(University of Cambridge)에서 Visiting Scholar로 1년간 통합교육의 교육과정을 연구하였고, 2008년에는 일본 도쿄가쿠게이(동경학예) 대학교에서 객원교수로 8개월간 통합학급 내 또래 지원의 한일 간 비교연구를 수행하였다. 연구의 주 관심사는 장애인의 지역사회 통합을 지원하는 통합교육, 지적장애, 발달장애인의 교육과정, 지원고용 및 장애학에 모여진다. 대표 단독 저서 및 번역서는 『한국 장애학생 통합교육: 특수교육과 일반교육 관계 재정립』 『마서즈 비니어드 섬 사람들은 수화로 말한다: 장애수용의 사회학』이 있다. 그 외 논문들도 장애인의 지역사회 통합을 지원하는 주제들로 집약된다. 정부 및 지역사회 단체에 장애인 권리 옹호, 전문가교육, 정책 및 프로그램 개발과 실행에 참여하고 있다.

최재완

최재완(崔在完, Jeawan Choi)은 이화여자대학교 특수교육과를 졸업하고 한국체육대학교 교육대학원에서 특수체육을 전공하였다. 초등학교 특수학급 교사로 근무하던 중 일본 문부성 파견 연구교사로 도쿄가쿠게이(동경학예) 대학교에서 수학하였다. 이화여자대학교에서 특수교육학(정신지체 전공) 박사학위를 받은 후 이화여자대학교 특수교육과 겸임교수로 재직하면서 후배들에게 통합교육 현장의 목소리를 전하고 있다. 주요 관심분야는 지적장애학생 교육, 통합교육, 또래교수의 적용이며, 주요 출판물은 연구 논문으로 「통합학급의 장애학생과 일반학생을 위한 또래교수 연구에 대한 고찰」 「특수교육지원센터의 발전방안 탐색」 등이 있다.

홍정아

홍정아(洪廷婀, Jung-a Hong)는 이화여자대학교 특수교육과를 졸업하고 초등학교 특수학급 교사로 재직 중이다. 동 대학교 교육대학원에서 석사학위, 대학원에서 박사학위(정신지체 전공)를 받았다. 특수교사로서 서울경인특수학급 교사 연구회 활동을 지속적으로 해 왔으며, 현재는 이화여자대학교 교육대학원 겸임교수로서 현장 교사에게 특수교육 및 통합교육을 지도하고 있다. 주요 관심 분야는 지적장애 교육과 통합교육이다. 주요 연구 논문으로 「통합교육 질 지표의 개발과 활용: 초등 통합교육 평가를 향하여」「안 그러면 맨날 맨 마지막에 밥을 먹게 돼요: 통합학급의 비장애학생들이 장애학생에게 제공한 또래지원」 등이 있으며, '선생님이 만든 쓰기 자료' '선생님이 만든 읽기 자료'와 '통합교육 지원 프로그램: 서로 다른 아이들이 함께 만드는 우정'을 만드는 작업에 함께했다.

김은하

김은하(金恩河, Eunha Kim)는 강남대학교 특수교육과를 졸업하고, 초등특수교사로 재직하던 중 도미하여 미국 롱아일랜드 대학교(Long Island University)에서 임상미술치료로 석사학위를 받았다. 발달센터, 학교와 대학병원에서 미술치료사로 일하였고, 이화여자대학교에서 특수교육학(정신지체 전공) 박사학위를 받은 후 강남대학교 초등특수교육과 초빙교수로 재직하고 있다. 주요 관심 분야는 지적장애학생 교육, 통합교육, 진로전환 교육, 개인중심 계획의 적용이며, 주요 출판물은 연구 논문으로 「지적장애인 및 발달장애인을 위한 중등이후 교육」「개인중심계획의 발달장애인의 개별화계획 개발을 위한 적용」 등이 있다.

장애학생의
일반교육과정 접근
통합학급 수업참여 방안
Accessing
the General Curriculum
Including Students With Disabilities in Standards-Based Reform, 2nd ed.

2014년 3월 10일 1판 1쇄 인쇄
2014년 3월 20일 1판 1쇄 발행

지은이 • Victor Nolet · Margaret J. McLaughlin
옮긴이 • 박승희 · 최재완 · 홍정아 · 김은하
펴낸이 • 김진환
펴낸곳 • ㈜ 학지사
             121-838 서울특별시 마포구 양화로 15길 20 마인드월드빌딩 5층
대표전화 • 02)330-5114   팩스 • 02)324-2345
등록번호 • 제313-2006-000265호

홈페이지 • http://www.hakjisa.co.kr
커뮤니티 • http://cafe.naver.com/hakjisa

ISBN 978-89-997-0258-7 93370

정가 18,000원

인터넷 학술논문 원문 서비스 뉴논문 www.newnonmun.com

이 도서의 국립중앙도서관 출판시도서목록(CIP)은 서지정보유통지
원시스템 홈페이지(http://seoji.nl.go.kr)와 국가자료공동목록시스템
(http://www.nl.go.kr/kolisnet)에서 이용하실 수 있습니다.
(CIP제어번호: CIP2014005706)

이 번역서는 2013년 정부(교육부)의 재원으로 한국연구재단의 지원을 받아 수행된 것임
(NRF-2013S1A5A2A03044576)